Joseph Felic Kurz

Der ohne Holz lebendig verbrannte Zauberer Bernardon

ein Lustspiel in drei Aufzügen

Joseph Felic Kurz

Der ohne Holz lebendig verbrannte Zauberer Bernardon
ein Lustspiel in drei Aufzügen

ISBN/EAN: 9783743621282

Hergestellt in Europa, USA, Kanada, Australien, Japan

Cover: Foto ©ninafisch / pixelio.de

Manufactured and distributed by brebook publishing software (www.brebook.com)

Joseph Felic Kurz

Der ohne Holz lebendig verbrannte Zauberer Bernardon

ohne Holz lebendig verbrennte Zauberer Bernardon.

Ein

Lustspiel in drey Aufzügen.

von

Joseph Kurz.

WIEN,
gedruckt bey Joh. Thom. Edlen v. Trattnern,
kaiserl. königl. Hofbuchdruckern und Buchhändlern.

Erster Aufzug.

Erster Auftritt.

Das Theater stellt ein Zimmer vor.

Fr. Rosette, Hr. Martenwell, Fr. Therese, Johann, Hr. Heidenstern Sohn, Lisette.

Fr. Rosette.

Bester Martenwell! es ist um uns geschehen. Mein unerbittlicher Vater will, daß ich dem Bernardon, den man alle Augenblicke erwartet, auf ewig meine Hand reichen soll. Nicht Bitten noch Flehen konnte diesen entsetzlichen Vorsatz zerstören. Mein Vater fodert blinden Gehorsam; und ich, der diese Tugend tief ins Herz gegraben ist, muß seinem Befehle endlich nachgeben. Urtheilen ſie von dem Zuſtande meiner Seele, urtheilen ſie von meinem Kummer, ihnen dieſe tödtliche Nachricht zu hinterbringen.

Martenw. Mein Tod wird der traurige Preiß ihres Gehorſams ſeyn. Ich werde den grauſamen Augenblick nicht überleben, ſie mit einem andern verbunden zu ſehen.

Thereſe. Roſette! beſte Freundinn! ſie wiſſen, daß ich ihren Bruder auf das zärtlichſte, über alles in der Welt liebe: aber die ſchweſterliche Liebe wird die Verachtung gegen den meinigen mit gleicher Verachtung bezahen. Unter keiner andern Bedingung werde ich die Hand ihres Bruders annehmen, als wenn ſie den meinigen heirathen.

Heidenſt. Sohn. Wertheſte Schweſter! Ich beſchwöre dich bey der reinen Liebe, die wir von Jugend auf gegen einander hegten: folge der Neigung deines Herzens und nicht dem Gebote eines eigenſinnigen Vaters.

Liſette. Auch mich macht mein gnädiges Fräulein unglücklich. Wenn ſie den Bernardon heirathet, muß ich gewiß auch ſeinen Kerl den Heinrich heirathen, den ich doch in der Seele nicht ausſtehen kann.

Johann. Das wär mir ein verfluchter Streich, und von ihnen eine talkete Reſolution; ſie machen meinen Herrn, ihren Herrn Bruder, das Fräulein Thereſe, die arme Liſette, und zuletzt auch noch gar mich unglücklich.

ein Lustspiel.

Rosette. (weint) Ach! ich sehe leider! mein und euer Unglück vor; aber das Verhängniß hat mich schon zu diesem unglücklichen Werkzeug bestimmt.

Martenw. (kniet) Zum letztenmal sehen sie mich zu ihren Füßen. Lassen sie doch das Unglück so vieler, die mit ihrem Schicksal verbunden sind, deren ganzes Glück von ihrem Ausspruch abhängt, ihr Herz rühren, und entsagen sie einer Verbindung, die uns allen äußerst verhaßt seyn muß. (weint.)

Heidenst. S. Schwester, theuerste Schwester! habe Mitleid mit meiner Liebe; (kniet) frage dein Herz, ob du an mir und an dir selbst eine so schreckliche That ausüben kannst. (weint.)

Therese. Sehen sie, Rosette! wozu mich die Liebe gegen sie und ihren Bruder bringet. Auch ich bitte auf meinen Knien, (kniet) wenn es möglich ist, entreißen sie meinem Bruder das Herz nicht, dessen Besitz sie ihm so oft in meiner Gegenwart zugeschworen. (weint.)

Lisette. (kniet) O! sie grausames Fräulein! ewig will ich Ach und Weh über sie schreyen, wenn ich wegen ihrem Eigensinn einen andern, als meinen unvergleichlichen Johann heirathen muß. (weint.)

Johann. O! sie tyrannische Prinzeßinn! (kniet) sie werden eine ewige Verantwortung auf den Hals bekommen, wenn wegen ihnen so viele Familien zu Grunde gehen. (weint.)

Zweyter Auftritt.

Vorige, Herr Heidenstern Vater, Herr Dornheim, (welche aber schon heraus gekommen sind, so bald Herr Martenwell niedergekniet, und alles unbemerkt mit angesehen haben.)

Heidenst. V. Was ruft ihr da alle für ein Orakel an? (alle stehen plötzlich auf. Martenw. Heidenst. S. Johann und Lisette laufen zu ihm und fallen ihm mit großem Geschrey zu Füßen.)

Martenw. Ich bitte um Gnade!

Heidenst. S. Ich flehe um Mitleiden!

Lisette. Ich rufe um Erbarmen!

Johann. Misericordia und Barmherzigkeit!

Heidenst. V. (verstellter Weise) Hier ist keine Rettung. Die Sache ist nicht mehr zu ändern. Ich habe einmal dem Bernardon mein Wort schriftlich gegeben, und das kann ich nicht widerrufen. Nicht wahr? meine Tochter!

Rosette. (fällt ihm auch zu Füßen) Der Wille eines Vaters ist der gehorsamen Tochter zwar ein Gesetz, aber wenn es möglich wäre —

Dornh. Und du Therese! Was sagst denn du zu dieser Sache? gefällt es dir etwann auch nicht?

Therese. (fällt dem Heidenst. V. zu Füßen) Ich vereinige gleichfalls auf den Knien meine Bitte mit den andern. Machen sie doch durch

diese

diese einzige Heirath nicht so viele Menschen unglücklich.

Heidenst. V. Also wenn meine Tochter den Bernardon heirathet, seyd ihr alle unglücklich? (Alle rufen) Ja!

Heidenst. V. (commandirt) Gebt Achtung! steht alle auf! Ihr habt Gnade! Meine Tochter soll den Bernardon nicht heirathen. (alle küssen ihm die Hand.)

Martenw. O! mich Glückseligen!

Rosette. O! wie sehr bin ich erfreut!

Heidenst. S. O! so erhalte ich meine schönste Therese.

Therese. Der Himmel hat meine Wünsche erhört.

Lisette. O! Vivat Frau Venus! ich bekomme meinen Johann.

Johann. O Viktoria Barcellona! ich kriege meine Lisette.

Dornh. Meinen guten Worten und meinem Bitten habt ihr den größten Theil eures Vergnügens zu verdanken. Ich habe es dahin gebracht, daß der Bernardon, wenn er kömmt, seinen Rückmarsch ohne Braut nehmen muß.

Heidenst. V. Ja, Ja! das ist wahr, meine Kinder! das ist wahr. Auf sein Zureden habe ich meinen Entschluß geändert. Allein was wird mit dem Bernardon anzufangen seyn? Laut seiner Briefe hat er schon vor zwey Tagen hier eintreffen sollen. Wie werden wir also seiner los werden? Zu allem Glücke ist er ein alter dummer affektirter Kerl; man wird ihn also leicht für einen Narren halten können.

Martenw. Geben sie mir und meinem Bedienten nur die Erlaubniß, dem Bernardon die Lust zum Heirathen zu benehmen: er soll gewiß bald nicht mehr daran gedenken.

Johann. Wenn der Kerl dumm ist, wird es nicht viel Mühe kosten. Ich getraue mir einen Gescheiden noch viel leichter also einen Narren anzuführen.

Heidenst. V. Nun, kommen sie itzt nur in mein Gesellschaftszimmer, da wollen wir dieses alles noch etwas genauer überlegen. (Jeder nimmt mit Ceremonien sein Frauenzimmer und alle gehen ab.)

Dritter Auftritt.

Strasse, wo des alten Heidensterns Haus.

Bernardon. (als ein Windmacher) Heinrich, (als sein Kammerdiener mit einer großen Schachtel voll Perücken unter einem Arm, und unter dem andern einen Spiegel. (Bernardon tanzt während einer Arie heraus, und Heinrich hinter ihm her.)

Bernardon singt.
O du charmante Stadt,
Die mein Vergnügen hat!
Die mir mein geliebtes Leben
Hat gebohren, hat gegeben;

Diese,

Diese werd ich mit Entzücken
Herzen, scherzen, küssen, drücken,
Weil sie mein Vergnügen hat,
O! du höchst charmante Stadt.

Bernardon. Geh her! halt mir einmal den Spiegel vor!

Heinr. Hier ihre Gnaden! (Bernardon richtet an der Perücke.) — —

Bernard. Aber Heinrich, das ist eine Nase! eine majestätische Nase! das nenn ich eine Nase! und ein Maul und eine Taille und ein paar Füße, zwey Füße! meiner Seele! zwey Füße! — Aber zum Henker! die Perücke steht mir nicht recht! eine andere her!

Heinr. (giebt eine andere Perücke) Hier ihre Gnaden!

Bernard. (setzt sie auf) Das ist gleich was anders! — aber — ich weiß nicht — ha! sie ist auch nichts nutz. Eine andere!

Heinr. (giebt eine andere) Diese wird gut seyn, ihre Gnaden!

Bernard. (setzt sie auf) Ey! zum Henker! Die taugt gar nichts — eine andere!

Heinr. Noch fünfzig, wenn ihre Gnaden befehlen. (giebt eine andere Perücke) Hier ihre Gnaden ist eine recht schöne.

Bernard. (probirt sie auch) Nein, die kann ich auch nicht brauchen. Geh zum Geyer mit deinen Perücken. (er singt.)

So viel Perocken.
Und keine steht mir zum Gesicht,
Die hat zu große Locken,
Die ist zu klein,
Die ist zu groß,
Die deckt zu viel,
Die macht zu bloß,
Auch diese ist für mich nicht recht,
Sie sind ja alle schlecht.
Via! fort, fort! mit der;
Fort fort mit dir!
Gieb diese her;
Gieb diese mir,
Es ist gar keine recht,
Sie sind für mich zu schlecht.

Bernard. Wenn dann keine von den verdammten Perücken recht ist, will ich das aufsetzen. (setzt eine Schlafhaube auf) Itzt wird es hohe Zeit seyn, daß ich bey dem Herrn von Heidenstern meinen Besuch ablege — hier dieses soll sein Haus seyn. Allons Heinrich! klopf an. (Heinrich klopft an.)

Vierter Auftritt.

Dornheim, Therese, Heidenstern S., Rosette, Lisette, Heidenst. V. Auf das jedesmalige Anklopfen des Heinrichs kommen diese Personen, eine nach der andern heraus. Wobey Heinrich allemal, so oft er angeklopfet hat, sich mit einer andern Perücke in der Hand hinter seinen Herrn stellen muß.

Bernardon. (da er den Dornheim sieht: zum Heinrich) Das wird wohl der alte Heidenstern seyn! — (zum Dornheim mit vielen Verbeugungen) Glückseliger Erzeuger! der du dich rühmen kannst, die schönste Pflanze der Welt hervor gebracht zu haben. Siehe in mir jene wohlriechende Aloe, welche den Augenblick zu blühen anfangen wird, so bald ich als ein beglückter Gärtner dieser schönen Göttinn Flora die Hand als Bräutigam werde reichen dürfen.

Dornheim. Um Vergebung mein Herr! sie werden sich vielleicht irren. Wer glauben sie, der ich bin?

Bernard. Ich halte sie für den Herrn von Heidenstern.

Dornh. Der bin ich nicht, aber ein sehr naher Vetter zu ihm: doch dürfte ich wohl fragen, wer sie sind? mein Herr!

Bernard. Ich bin Bernardon.

Dornh. (mit Verwunderung und Freude) Was? sie sind der gnädige Herr von Bernardon, der des Heidensterns Tochter heirathen soll! (ganz gleichgültig) Bleiben sie nur da stehen! (gehe ins Haus ab)

Bernardon. Bleiben sie nur da stehen! — Geschwind, Heinrich! eine andere Perücke! (Heinrich setzt ihm eine andere Perücke auf) Jetzt klopfe wieder an!

Heinrich. (klopft an, Therese kömmt heraus)

Bernardon. Ha ha! das wird des Heidenstern seine Tochter seyn! (mit vielen Verbeugungen) Iris kann hier mit ihrem goldnen Apfel keinen Zankstreit mehr anfangen; denn wenn derselbe der schönsten und der würdigsten gehöret, so ist es unmöglich, daß er dir, o Göttinn! kann entzogen werden. Sollten sich aber wider Vermuthen streitende Partheyen finden, so will ich dein Paris seyn, welcher dich beständig in dem rechtmäßigen Besitze deines goldnen Apfels erhalten wird.

Therese. Für wen sehen sie mich an? mein Cavalier!

Bernardon. Für die Fräulein Tochter des Herrn von Heidenstern.

Therese. Diese bin ich nicht: aber eine sehr nahe Base von ihr. Und wer sind sie? wenn ich fragen darf.

Bernardon. Ich bin Bernardon.

Therese. (mit Verwunderung und Freude) Was? Wie? Sie sind der Herr von Bernardon! der des Herrn von Heidenstern seine Tochter heirathen soll (ganz gleichgültig) Gut! bleiben sie nur da stehen! (geht ins Haus ab)

Bernardon. (wie oben mit Dornheim: auf das Anklopfen des Heinrichs kömmt Martenwell heraus)

Bernardon. (zum Heinrich) Das wird ohne Zweifel des Heidensterns Sohn seyn. (macht Verbeugungen) Wer die Abbildung des Thelemachs und die Thaten des Achilles gelesen und gesehen hat, gleichwie ich, der wird dich, o Schwager! entweder für einen oder für den andern halten. Romulus und Remus haben an einer Wölfinn, du aber, o Held! hast an einer Löwinn gesogen. Herkules hat die Hölle bestürmt, du aber, o Held wirst sie gar ausrotten. Dein Schwerd, o Held! wird sich mit der ganzen Welt, ich aber werde mich mit deiner Schwester vermählen.

Martenwell. Mit Erlaubniß, mein Herr, für wen halten sie mich?

Bernardon. Für den Herrn Sohn des Herrn von Heidenstern.

Martenwell. Sie irren, ich bin nur ein naher Anverwandter von der heidensternischen Familie. Aber dürfte ich wohl fragen, wen ich die Ehre habe vor mir zu sehen?

Bernardon. Den Bernardon, ihren gehorsamsten Knecht.

Martenwell. (mit Verwunderung und Freude) Was? wie? sie sind der Herr von Bernardon? das freut mich in der Seele sie so wohl und gesund hier zu sehen. (ganz gleichgültig) Bleiben sie nur hier stehen (ab)

Bernardon. (wie oben bey Dornheim, auf das Anklopfen des Heinrichs kömmt Lisette heraus.)

Bernardon. Mit Recht kann man dieses Haus den Sammelplatz der Götter nennen. Kaum verschwindet eine Göttinn, so läßt sich gleich wieder eine andere sehen — —

Lisette. (fällt ein) Erlauben sie mir, mein gnädiger Herr! ich bin keine Göttinn selbst, ich bin nur das Kammermädchen einer Göttinn.

Heinrich. (springt hinter dem Bernardon hervor) So erlauben mir Ihro Gnaden mit ihr zu sprechen. Es wird dieses Lisette meine Braut seyn. Da muß ich meine Oration machen. Indessen werden sie die Gnad haben mir auch eine Perücke zu Parade zu halten. (giebt dem Bernardon eine Perücke, welcher sie hält, wie vorhin Heinrich) Schönste Aurora, du erblickest in mir den Waffenträger des großen irrenden Ritters Don Quixotes, der so viele Seufzer, und verliebte Klagen zu dir geschickt hat, so viel, so viel als Perücken in dieser Schachtel sind, und—

Lisette. (fällt ein) Sie werden sich geirret haben, mein Herr! für wen halten sie mich?

Heinrich. Für die Lisette, die unvergleichliche Kammerjungfer der gnädigen Fräulein Rosette.

Lisette. Sie verzeihen, ich bin nur eine Verwandtinn von dieser Lisette. Aber dürfte ich fragen, wer sie sind?

Heinrich. Ich bin der weltberühmte Kammerdiener Heinrich.

Lisette. (mit Verwunderung und freudig) Sind sie der allerliebste Herr Heinrich. O! das ist mir

mir unendlich angenehm, sie so wohl und gesund zu sehen. (ganz gleichgültig) Bleiben sie nur hier stehen. (ab)

Heinrich. (staunt)

Bernardon. Nun kannst du auch stehen — Aber geschwinde eine andere Perücke! Jetzt klopfe noch einmal an.

Heinrich (klopft, worauf Heidenstern Vater heraus kommt)

Bernardon. (mit vielen Verbeugungen) Großer Saturnus! du Stammvater der Götter! durch deinen Nachfolger ist Mars und Venus entsprungen. Beede sind noch in der Person deines Sohnes und deiner Tochter. Ich werde deine Venus als ein anderer Vulkanus beglückt von dir führen, sie den Armen eines verliebten Bachus entreißen und triumphirend in den Saal meines Herzens führen.

Heidenstern. V. Für wen halten sie mich? mein Herr!

Bernardon. Für den Herrn dieses Hauses, für den Herrn von Heidenstern.

Heidenstern V. Ihnen zu dienen: der bin ich und sie sind?

Bernardon. Der Bernardon, der das unschätzbare Glück haben soll, der wohl meritirte Gemahl ihrer Fräulein Tochter zu werden.

Heidenstern. V. O das freut mich aus Grund meiner Seele den Mann persönlich zu kennen, von dessen vortrefflichen Eigenschaften ich schon so unendlich viel gehört habe. Kommen sie den Augenblick mit mir in mein Haus.

Ihre Braut erwartet sie mit äußerster Ungedult. — Und dieser Herr? wer ist der?

Heinrich. Ich bin der mannfeste Kammerdiener des Herrn von Bernardon, der die Gnade haben soll; hoch dero Verehrungswürdige Kammerjungfer als Ehegesponst zu besitzen.

Heidenstern. V. O! das ist ja braf! das ist mir von Herzen angenehm! — Jetzt belieben sie also mir in mein Haus zu folgen.

(alle drey ab)

Fünfter Auftritt.

Ein Zimmer, worinnen Sesseln.

Fräulein Rosette, Fräulein Therese, Dornhelm, Heidenstern Sohn, Lisette.

Rosette. Um des Himmelswillen! was ist der Bernardon für ein närrischer Mensch. Wie unglücklich wäre ich doch gewesen, wenn ich einen solchen Narrn zum Manne hätte nehmen müßen.

Therese. In der That, wenn dieser Fantast mich zur reichesten Person in der Welt machen könnte; wollte ich doch lieber mit meinem Heidenstern verlassen, und in der größten Armuth leben.

Heidenstern. S. Ich danke ihnen aufrichtigst, für ihre gute Gesinnungen gegen mich. Ich denke eben so und wollte ihr edles Her

Herz nicht gegen Kronen und Reiche vertauschen.

Lisette. Und ich wollte lieber in alle Ewigkeit Mädchen bleiben, als den Bettsack, den Heinrich heirathen.

Dornheim. Das gefällt mir, daß sie alle so redlich und so großmüthig denken. Ich würde in ihrer Stelle eben so handeln, und wenn ich auch — — Potz Blitz! Stille! da kömmt der alte Heidenstern mit den zwey Bräutigams herein!

Sechster Auftritt.
Vorige, Heidenstein Vater, Bernardon, Heinrich.

Heidenstern V. Belieben sie nur herein zu spatzieren, meine Herren! (unter vielen Komplimenten) Haben sie nur die Gnade sich bey dieser Gesellschaft einen Augenblick zu unterhalten: ich werde so gleich ihre Bräute holen.
(ab)
(die andern sprechen heimlich mit einander)

Bernardon. Ganz ergebenster Diener, Herr von Heidenstern! Ich werde die Ehre haben, sie zu erwarten (mit vielen Verbeugungen zu Fräulein Therese) Ich bin ungemein glücklich, mein schönstes Fräulein! ihnen mein ergebenstes Compliment zu machen, und — —

Therese. (mit höhnischer Mine) Bleiben sie nur stehen.

Bernardon. Ja ja! ich bleib schon stehen. (zur Fräulein Rosette mit Verbeugungen) Dürfte ich mich wohl unterfangen, sie zu fragen —

Rosette. Bleiben sie nur stehen.

Bernardon. Ja ja! ich bleib schon stehen. (zum Dornheim) Sie werden ohne Zweifel der beglückte Vater von einem dieser englischen —

Dornheim. Bleiben sie nur stehen.

Bernardon. Ja ja! ich bleib schon stehen.

Siebenter Auftritt.

Vorige, Heidenstern V. führt den Martenwell, als Fräuleinn Rosette, und den Johann, als Lisette angekleidet heraus.

Heidenstern V. Hier Herr Bernardon empfangen sie die Blume aller Schönheite von meinen Händen. Ich bin versichert, sie werden von diesem unschuldigen Kinde mehr ein gütiger Vater, als ein gleichgültiger Ehemann seyn, — und ihnen Herr Heinrich, übergebe ich hiemit die Quintessenz jungfräulicher Schamhaftigkeit, um mit ihr das süße Band der Ehe zu knüpfen. — Setzen sie sich, meine beeden Frauenzimmer hier nieder, und sie meine Herren Bräutigams an ihre Seite. (alle setzen sich)

Bernardon. Die Sonne wird gar oft mit einer trüben Wolke bedeckt, doch blicken dort und da kleine Strahlen hervor, so, daß man allezeit sehen kann, daß unter dieser dunkeln

Be-

Ein Lustspiel.

Bedeckung die schöne Sonne verborgen ist. Unter der schönsten Muschel ist oft die garstigste Krotte, und unter einer garstigen Muschel die schönste Perle verborgen.

Heinrich. Mit Recht kann ich sie mit einem versteckten Kometstern vergleichen, der, wenn er seinen schönen Glanz sehen läßt, zu Zeiten nichts, als Unglück prophezeihet.

Martenwell. (seufzet) Ach!

Johann. Ach!

Bernardon. Was soll dieses Seufzen der beeden Frauenzimmer bedeuten, Herr Schwiegervater! und warum sind ihre Gesichter bedeckt?

Heidenstern V. Ihre Jugend und ihre große Schamhaftigkeit sind Ursache daran. Belieben sie nur die Gesichter zu entdecken, meine Herren!

Bernardon. und Heinrich stehen auf und machen Komplimente.

Bernardon. Weil ich gewiß weiß, daß unter diesem Flor der Himmel aller Schönheiten verborgen ist, will ich mit Entdeckung ihres Gesichts der Welt die schöne Sonne wieder sehen laßen.

Heinrich. Und ich werde mir auch die Freyheit nehmen ihr das Gesicht aufzudecken, denn man pfleget ja nie eine Katze im Sack zu kaufen.

Beede. (nehmen zugleich jeder den Flor ab. Martenwell und Johann machen mit stummen Minen verliebte Verbeugungen.)

B 2

Bernardon. O! pfui Teufel! was für eine garstige Sonne!

Heinrich. Pfui Henker! w's für ein wilder Kometstern.

Bernardon. (zum alten Heidenstern) Ich glaube, sie muß aus Scham noch eine Maske vor dem Gesicht haben; denn das kann unmöglich ihr rechtes Gesicht seyn.

Heidenstern V. Ja, Herr Schwiegersohn! das ist das schöne Gesichtchen, worinn sich so viele Mannsbilder ganz rasend verliebt haben. Allons! Rosette und Lisette! umarme jede ihren Bräutigam!

Mattenwell und Johann kriegen ihre Liebhaber bey den Köpfen, drücken und küßen sie. Bernardon und Heinrich reißen sich unter vielem Schreyen um Hilfe, endlich los.

Bernardon.
Heinrich. } (fast zugleich) Wie Herr Heidenstern! ist das erlaubt uns so für Narren zu halten, solche verfluchte Gesichter sollen wir heirathen? aus dieser Heirath wird nichts, in Ewigkeit nichts werden.

Mattenwell.
Johann. } (fast zugleich) Ist ihnen das Ernst? sie wollen uns also nicht heirathen?

Bernardon.
Heinrich. } (fast zugleich) Nein, nein: tausendmal nein. Kein Mensch in der ganzen Welt wird so toll seyn, diese abscheuliche Figuren zu heirathen.

Max.

Martenw.
Johann. } (sehr zornig fast zugleich) Was! solche Schönheiten, wie wir sind, so zu verachten! solche hergelaufene Kerls! solche Lumpenhunde wollen uns noch beschimpfen! wartet ihr Spitzbuben! wir wollen uns an euch nachdrücklich revangiren.

Johann. (weint) O! Affront, o Schimpf! o Schande! welche mir unschuldigen Kinde wiederfährt: aber Fräulein Rosette! wollen sie das so leiden? (beede ziehen Keulen unter den Röcken hervor, und prügeln den Bernard. und Heinr. herum: endlich hinein: die übrigen gehen unter vielem Gelächter nach.

Achter Auftritt.

Straße.

Hr. Seltenheim. (allein) trägt ein Buch, einen Tiegel und Kräuter in den Händen.)

Ich bin wohl ein recht glücklicher Mann! dem Himmel seys gedankt! Mein Weib ist eine Hexe. Schon vor zwanzig Jahren, da ich sie geheirathet, habe ich es gemerkt, daß es mit ihr nicht richtig seyn muß. Ich habe aber nie hinter etwas kommen können, als in der heutigen Nacht. — Dieses Buch, diese Salbe und Kräuter und was ich sonst noch gesehen, lassen mich nicht mehr an der Wahrheit zweifeln, daß mein Weib eine Hexe sey. Ich armer Mann! Mein Weib eine Hexe!

Neunter Auftritt.

Seltenheim, Bernardon und Heinrich werden von ihren Geliebten, dem Martenw. und Johann herausgeprügelt.

Martenw.
Johann. } (fast zugleich) Ihr Lumpenhunde! ihr elende Kerls! Wenn ihr euch noch einmal unterstehet, einen Schritt in dieses Haus zu thun, oder eine prætension an unsere Schönheit zu machen, sollen euch Arm und Beine entzwey geschlagen werden. (Martenwell und Johann in Furie ab) Bernardon und Heinrich sehen einander mit stummen Gebärden an.)

Heinr. Ich gratulire, Monsieur Bernarnon! zu ihrer Hochzeit.

Bernard. Die Mahlzeit haben wir schon bekommen; aber bey der Hochzeit spiele ich nicht mit, da will ich passen. Das war ein verdammter Casus. Aber sey versichert Heinrich! ich will mich nicht allein an dem alten Heidenstern; sondern auch an meinem Vetter rächen, der diese schöne Heirath gestiftet hat.

Heinr. Und ich schwöre dem Buckel des Alten und der Lisette alle Prügel à retour, die sie mir aufgezählt haben.

Seltenh. (Der sich während dem vorhergegangenen zurück gestellt: ganz höflich hervor.) Mein Herr! vergeben sie mir. Sie scheinen mir wider

der Heidenstern aufgebracht, dürfte ich sie wohl um die Ursache hievon fragen?

Bernard. O ja! ich mache mir kein Bedenken, es ihnen zu sagen. Man wollte mich zwingen, Rosetten, Heidensterns Tochter zu ehligen, und meinem Diener suchte man Lisetten anzuhängen. Allein, mein Herr! ihre Häßlichkeit und ihre verzärrten Gesichter nöthigten uns, ihnen unter die Nase zu lachen, und sie zu versichern, wie unanständig uns diese Verbindungen wären; auf welches billige Betragen man uns mit jener Höflichkeit, die sie gesehen, aus dem Hause geprügelt.

Seltenh. Hören sie doch; ich sehe schon, ich muß sie beklagen — Sie haben keinen guten Geschmack. — Was? Rosette und Lisette sind häßlich? — sie haben verzärrte Gesichter? — O verzeihen sie mein Herr! jedermann erkennt sie doch für die schönsten Mädchens in der Stadt.

Bernard. Vergeben sie mir, ich habe gewiß mit so heiteren Augen gesehen, als sie.

Heinrich. Das will ich hoffen, gnädiger Herr! ich glaube, daß man bey stehender Welt noch keine so abentheuerliche Gesichter muß gesehen haben. (zu Seltenh.) Erlauben Ew. Gnaden, vielleicht hatten sie sie ohne Brülle betrachtet. — Stellen sie sich einmal vor, sie sind beyde so fein gewachsen, wie Karngäule, und um die Mäuler so schwarz, wie ein paar Grenadiers.

Bernard. (zu Seltenh.) Sind sie wohl auch schon zugegen gewesen, seitdem man uns mit so vieler Artigkeit die Thüre gezeigt, und uns zum Hause hinaus geprügelt?

Seltenh. Freylich wohl, mein Herr! ich habe diese traurige Scene mit angesehen. Sagen sie mir nur, wer waren diese Furien?

Bernard. Das waren eben diese schrecklichen Schönheiten, von denen sie so viel Wesens machen. Heidensterns Tochter war es, und ihr Kammermädchen Lisette.

Seltenh. Mein Herr! ich kann sie versichern, daß ich die zwey Frauenzimmer, die sie so unmenschlicher Weise zum Haus hinaus geprügelt, nie gesehen habe, so, wie ich ihnen davor gut stehe, daß Heidensterns Tochter und ihr Kammermädchen zwey rechte hübsche Mädchens sind. Hieraus sehe ich, daß man sie nur zum Besten gehabt. Trösten sie sich. Es ist ein Schicksal, das sie nicht allein betrift. Heidenstern betrog auch mich. Sie sollen von mir alles erfahren. Wissen sie also; meine Frau war Kindsweib bey der Rosette, und hat sie erzogen. Eine kurze Zeit hernach bin ich als Instruktor ins Haus gekommen, und da hab ich mich in mein itziges Weib verliebt. Auf das Versprechen des schelmischen Heidensterns von 2000. fl. Heirathsgut habe ich sie leider geheirathet, aber der alte Dieb hat mir noch bis diese Stunde keinen Kreuzer gegeben. Itzt kömmt erst das Erschreckliche; erstaunen sie mein Herr! nicht lange nach meiner Heirath habe ich durch unterschiedliche Anzeige gemerkt, daß mein Weib
eine

eine Hexe seyn müße; denn, bedenken sie, wenn es ihr nur einfiel, war ich in einem Augenblicke krank, und in einem Augenblicke gesund. Allein, bis itzt habe ich nie genugsame Beweise finden können, sie vollkommen davon zu überführen. Heut Nacht endlich, bedenken sie, wachte ich gegen Mitternacht auf, hörte in der Stille eine Stimme, welche ich sogleich für jene meines Weibes erkannte, stund auf, sah durch das Schlüsselloch in der Küche ein Licht brennen; Bedenken sie, ich, der ich von Jugend auf neugierig war, machte die Thüre, so sachte als möglich war, auf, und sah, wie meine saubere Frau Gemahlinn sich mit dieser Salbe den ganzen Leib beschmierte; bedenken sie, hernach laß sie aus diesem Buch ein Kapitel, versteckte alsdann ihre Sachen in das Ofenloch, murmelte etliche Worte zwischen den Zähnen daher, und fuhr wie der Blitz durch den Rauchfang hinaus. Bedenken sie, wie ich erschrocken bin! starr stund ich wie eine Bildsäule! doch faßte ich gleich wieder Muth, nahm die Salbe und das Buch aus dem Ofenloch hervor, wobey ich auch diese eingewickelte Kräuter fand. Itzt hören sie, was hier geschrieben steht! (er ließt) Wer sich mit dieser Salbe schmiert, kann durch die Luft fahren. Wer diese Kräuter bey sich trägt, kann sich unsichtbar machen. - - In diesem Buch habe ich Sachen gefunden, die zum erstaunen sind, als zum Beyspiel: wie man Leute kann krumm und lahm, weinen, lachen

lachen, tanzen, singen und dergleichen machen, auch wie man den Leuten allerhand Blendwerk vor die Augen machen, und wie man sich in allerhand Gestalten verwandeln kann, in Summa, man kann alles aus diesem Buch lernen. Doch stille, — ich höre hinter des Heidensterns Thüre Leute kommen; lassen sie uns zurück gehen, und sehen, was da vorgeht.

Zehnter Auftritt.

Vorige, Heidenstern V., Dornheim.

Dornh. (mit vielen Verbeugungen) Ja, ja, Herr von Heidenstern, ich bitte mir die Gnade aus, sie in meinem Hause zu bedienen.

Heidenst. V. Wenn sie es so befehlen, so werde ich mir die Freyheit nehmen, ihnen aufzuwarten. Itzt wird der Narr, der Bernardon uns wohl nicht mehr beunruhigen. (Beyde gehen in das Haus des Dornheim ab.)

Seltenh. Dieses war der alte Heidenstern und der Dornheim. (Martenwell führt die Rosette heraus.)

Rosette. Das ist in der That wahr; die Person der Rosette hat ihnen unvergleichlich angestanden.

Martenw. Ha! für einen solchen Narren als der Bernardon ist, gehört keine bessere Rosette als ich war. (beyde gehen den Vorigen nach.)

Seltenh. Sehen sie, das war des Heidensterns seine Tochter, und das Mannsbild war ihr Liebhaber. Aus seinen Reden werden sie wohl gehört haben, daß dieser die verstellte Rosette war, die sie so geprügelt hat. (Heidenstern Sohn führt die Therese aus dem Hause.) (welche beede lachen.)

Heidenst. S. Ha! ha! ha! dem Narren haben wir den Buckel recht durchgegärbt, er wird so bald nicht wieder kommen.

Therese. Ja, ja, der ist recht erwischt worden. (beede gehen den Vorigen nach.)

Seltenh. Das war des Heidensterns sein Sohn, und das Frauenzimmer des Dornheims Tochter.

Bernard. Das Lumpenbagage! hat sich alle für nahe Freunde des Heidensterns ausgegeben. (Johann, der noch die Haube auf hat, führt Lisette heraus.)

Lisette. Es ist ewig Schade, mein lieber Johann, daß du kein Weibsbild bist, du hättest ein scharmantes Figürchen zu einer Tänzerinn gehabt!

Johann. Wann der Kerl, der Heinrich, noch einmal kömmt, und dich heirathen will, werde ich die Figur eines Tragers annehmen, und dem Kerl Arm und Beine entzwey schlagen. (gehen den andern nach.)

Seltenh. Das war die Lisette, und der Monsieur war ihr Amant der Johann, der die Person der Lisette vorgestellt, und den Heinrich so geprügelt hat.

Heinr.

Heinr. Unter dieser Lisette ihre Klauen mag ich nicht mehr kommen.

Seltenh. Aber um Vergebung, meine Herren, dürfte ich mich um ihre Namen erkundigen.

Bernard. Ich heiß Bernardon.

Heinr. Und ich heiß Heinrich.

Seltenh. Also Monsieur Bernardon und Herr Heinrich, itzt haben sie selbst gesehen und gehört, wie man mit ihnen umgegangen ist. Sie und mich hat der alte Vogel der Heidenstern betrogen. Wollen sie sich also an allen rächen, so trage ich ihnen meine Hülfe durch dieses Zauberbuch an.

Bernard. Mit tausend Freuden mein Herr, mit tausend Freuden.

Heinr. Aber cum venia, ich mag für meinen Theil mit der Zauberey nichts zu schaffen haben.

Seltenh. Ja, so kann ich ihnen nicht gut dafür stehen, daß sie die Lisette bekommen; aber dem Monsieur Bernardon verspreche ich ganz gewiß die Rosette. Allons, Monsieur Bernardon, in kurzer Zeit soll man sie und mich in ganz andern Gestalten sehen. Man hat sie geschoren, und für Narren gehalten, und in kurzem soll es ihren Feinden auch so ergehen. Ich will sie alle bis auf das Blut scheren, allons, geschwind mit mir, diesen Augenblick will ich ihrer und meiner Rache den Anfang machen.

Bern-

Bernard. In Punkto der langen Rosette ist mir gleichwohl nicht recht bey der Sache. (alle drey ab.)

Eilfter Auftritt.

Zimmer des Dornheim.

Dornheim führt den Heidenstern V., Rosette, Martenwell, Therese, Heidenstern Sohn, Lisette und Johann herein.

Dornh. Wir haben uns eine Weile im Garten erlustiget, itzt wollen wir das Frühstück nehmen. He! Johann, und Lisette! setzt Stühle herbey, und hernach geht den Kaffee zu holen. (Lisette und Johann bringen Stühle, und gehen ab.)

Heidenst. V. Itzt möcht ich nur wissen, wo der Bernardon und sein sauberer Herr Kammerdiener sich hingemacht haben? die werden sich hinter den Ohren kratzen!

Heidenst. S. In der That mein Vater, ich bin recht vergnügt, daß der elende Windmacher so nachdrücklich abgewiesen worden.

Martenw. Und ich erfreue mich, daß ich itzt ungestört der Liebe meiner schätzbaresten Rosette genießen kann. (nimmt Rosette bey der Hand.) Darf ich nun bald hoffen?

Heidenst. V. Ja, Ja, meine Kinder, hofft nur! ich werde sogleich alle Anstalten zu eurer Hochzeit machen. Ro-

Rosette. (Küßt ihrem Vater die Hand) Wie sehr dank ich ihnen, mein Vater! sie sind wohl der gütigste, der beste Mann!

Heidenst. V. (scherzhaft) Wirklich? wenn man euch Mädchen nur den Willen thut, und euch Männer giebt, ist man der beste Mann.

Heidenst. S. (führt die Therese an der Hand zu seinem Vater.) Dürfte ich wohl auch solch einen gütigen Ausspruch für uns hoffen?

Heidenst. V. Nun freylich! denn ich merke doch, daß dir dein JunggesellenStand zu schwer wird. Du sollst sie haben. Du sollst sie haben.

Heidenst. S. (küßt ihm die Hand.) O wie glücklich bin ich! (zum Dornheim) Und sie mein Schwiegervater?

Dornh. Ihr wißt schon lang, daß ich es zufrieden bin.

Therese. Also wird uns itzt kein Unfall mehr trennen können!

Heidenst. V. Ha! itzt kömmt der Kaffee, setzen wir uns meine Herren und Frauenzimmer. (alle setzen sich. Johann und Lisette theilen Koffee um, und setzen sich hernach zu beyden Seiten. Sie fahren alle zugleich gegen den Mund.)

Zwölfter Auftritt.

Vorige, Bernardon als Wachtmeister, Soldaten.

Bernard. (im Herausgehen) Ihr Leute, besetzt alle Thüren wohl, und laßt keinen Menschen

schen passiren. (alle thun vor Schrecken und Verwunderung die Schalen vom Munde, und stehen auf.)

Bernard. Welche unter diesen Weibsbildern ist die Rosette, die Tochter des Heidensterns?

Rosette. Ich bin es, und was haben sie darnach zu fragen?

Bernard. So viel, daß ich Befehl habe, sie in Arrest zu nehmen. Allons, Marsch!

Johann. Der Teufel! so laß uns der Herr nur erst den Kaffee trinken.

Heidenst. V. He! wer ist denn der Herr? und wer hat dem Herrn Befehl gegeben, meine Tochter in Arrest zu führen.

Bernard. Auf Befehl des gestrengen Herrn Bernardon muß ich die Rosette in Arrest nehmen.

Heidenst. V. Was? auf Befehl des Bernardons? was Teufel hat der Bernardon zu befehlen? Weiß denn der Richter auch etwas von diesem Unternehmen?

Bernard. Nein! kein Mensch weiß was davon. Der gestrenge Herr Bernardon hat es mir als dem Wachtmeister auf Leib und Lebensstrafe selbst anbefohlen.

Heidenst. V. (immer zorniger.) Ey! der Bernardon hat den Geyer zu befehlen! warum nimmt man mich als den Vater von meiner Tochter nicht in Arrest, und warum die Tochter?

Bernardon. Ja, der gestrenge Herr Bernardon hat gesagt, er wolle nicht den Vater, sondern die Tochter heirathen. Also muß die Tochter in Arrest.

Johann. In dem Fall kann ich dem Herrn Wachtmeister nicht Unrecht geben, aber den Kaffe hätte er uns erst sollen austrinken lassen.

Dornheim. Herr Wachtmeister! mein Haus ist ein freyes und privilegirtes Haus, und daraus laß ich keinen Menschen in Arrest nehmen.

Bernard. Ey was! ein solches Weibsbild, ein falscher Geldmünzer, und ein Roßdieb finden kein Asylum. Was brauchts hier viel Raisonirens! gehen sie zum Richter, und machen sie den Proceß mit ihm aus. Ich thue, was mir der gestrenge Herr Bernardon befohlen hat. Allons Soldaten! greift an und führt sie fort!

Rosette. (weint) Wie? mich ein ehrliches Mädchen will man in Arrest nehmen?

Martenw. Bedenken sie doch Herr Wachtmeister! um des Himmels willen!

Heidenst. S. Lassen sie sich doch besänftigen!

Johann. Misericordia! Herr Wachtmeister!

Heidenst. V. Hören sie doch nur, ich will 20000. fl. Kaution vor sie leisten, lassen sie sie doch nur hier.

Bernard. Hier ist keine Gnade. Ich thue meine Schuldigkeit. Fort! fort! (während dieser Rede führt Bernardon mit den Soldaten die Rosette mit Gewalt ab.)

Heidenst. V. Das ist zum Erstaunen!
Martenw. Das ist zum Verzweifeln!
Johann. Das ist zum Todtschießen!
Lisette. Das ist zum ersäufen!
Therese. Das ist zum Aufhängen!
Heidenst. S. Das ist zum Teufelholen!
Heidenst. V. Aber was ist da zu thun, was ist zu machen? ich bin ganz verwirrt! — Hier ist nichts zu versäumen, ich will den Augenblick zum Richter laufen, um für diesen Schimpf eine nachdrückliche Satisfaktion zu suchen! (geht in Zorn ab.)

Martenw. Und ich schwöre hoch und theuer, daß, wenn man mir meine Rosette nicht gleich heraus giebt, ich eine solche Rebellion anfangen will, worüber die halbe Stadt zu Grunde gehen soll. (geht zornig ab.)

Heidenst. S. Nein: das ist zu viel! der Schimpf ist zu groß! er muß gerochen seyn, und sollte ich dem Wachtmeister den Degen durch die Rippen stoßen. (zornig ab.)

Dornh. Ich zittere noch für Zorn an Händ und Füßen. Mir in meinem privilegirten Hause eine solche Schande anzuthun! Die Braut meines Sohnes mir grade von der Nase weg zu führen! ich gehe, ja, ich gehe: ich habe zwey Vettern, die Rathsherrn sind, die mir gewiß Satisfaktion schaffen sollen. (im Zorn ab)

Lisette. Verwünscht sey ein solches Betragen! Was mein Fräulein, dieses gute rechtschaffene Kind so zu beschimpfen! — Nein, das laß ich nicht ungerochen. Diesen Augenblick

blick geh ich zum Richter, und wenn er mir Fräulein Rosette nicht die Minute loß läßt, so rauf ich ihm alle Haare aus seiner richterischen Perücke. (zornig ab.)

Therese. H. W. kommt. Auch ich will nicht jenes verabsäumen, zu dem mich die Pflichten der Freundschaft verbinden. Ich will alles anwenden sie aus dem Arreste zu bringen, und ihr sonach jene Genugthuung zu verschaffen suchen, die sie zu fordern Recht hat.

Johann. Recht so, gnädiges Fräulein. Ich habe erst einen listigen Anschlag, der soll dem Richter warm machen. Ich werde ihn auffordern, mir im Corpus Juris aufzuschlagen, ob es erlaubt ist, einen Menschen, der eben Kaffee trinkt, in Arrest zu nehmen.

(Therese und Hannswurst zornig ab.)

Drey=

Dreyzehnter Auftritt.

Das Theater wird verändert, stellet eine fremde Stadt vor, in der Tiefe ist ein Bierhäusel zu sehen.

Rosette und alle übrige auftretende Personen, welche aber der Ordnung nach so heraus kommen, wie sie im vorigen Auftritt abgegangen sind.

Rosette sitzet in einem vergitterten Kerker, in Ketten und weint. Heidenstern V. tritt gleich bey Veränderung des Theaters auf.

Heidenst. V. (im Herausgehen.) Ja, ja! es geh auch wie es wolle, so muß ich Gerechtigkeit finden!

Rosette. Ach! allerliebster Herr Vater! sehen sie hier ihre unglückselige Tochter! vor der ganzen Welt beschimpfet — ihr zum Schauspiel in ein solch Gefängniß gesetzet, wo mich nichts von einer Missethäterinn unterscheidet, als das Bewußtseyn meiner Unschuld. Ein jeder Mensch kann mich hier sehen. Ach! Herr Vater! haben sie doch Mitleiden mit mir!

Heidenstern V. (weint) O meine Tochter, der Schmerz dich so zu sehen unterdrücket mich! (Sobald er das Gesicht von seiner Tochter abwendet, verändert sich der Kerker in ein Haus, wo Bernardon und Rosette mit einer Laute zum Fenster heraus sieht)

Heidenstern V. Ich muß gerochen seyn und sollte es mich mein ganzes Vermögen kosten.

(ab)

Mar=

Martenwell. (im herausgehen) Den Schimpf meiner Rosette laß ich nicht ungerochen! (er sieht den Bernardon mit Rosetten am Fenster, und zeigt während folgender Arie dieser beeden durch Gebehrden seine Verwunderung.

    D u e t t o.
Bernardon. Meine Seele!
Rosette. Mein Vergnügen!
Rosette.
Bernardon. } Lebt blos allein in dir.
Rosette. Für dich will ich alles lassen,
Bernardon. Für dich will ich gern erblaßen,
 Beede Weil ich hab dein Herz bey mir.
Martenwell. Wie Rosette! ist dies der schimpfliche Arrest, in welchen man sie gebracht hat?

Rosette. Ja, dieses ist der schimpfliche Arrest, der ihnen zuvor so vielen Verdruß gemacht, mir aber anitzt ein ungemeine Freude verschaft.

Martenwell. Ungetreue! Niederträchtige! Heißt dieses redlich gehandelt (zum Bernardon) Und dich affektirten Spitalfantasten werde ich auch zu bekommen wissen.

Bernardon. Du gebohrner Sanctmarxer Narr! du wirst viel thun können — Mein Schatz, es ist nicht der Mühe werth uns wegen diesem Kerl zu ärgern, machen wir das Fenster zu, was hat der uns zu schaffen.

        Mart-

Martenwell. Undankbare! das soll dich gewiß gereuen. So sehr mich vorhin dein vermeintes Unglück schmerzte, so sehr entrüstet mich itzt deine unerhörte Untreu! (ab)

Wieder das Gefängniß.

Heidenstern S. (im herausgehen) Nein, nein, ein Bruder kann unmöglich die Beleidigung seiner Schwester mit gleichgültigen Augen ansehen.

Rosette. Bester Bruder! kannst du wohl ohne die heftigste Bewegung deines Herzens die entsetzlichste Beschimpfung deiner Schwester ansehen, und ist denn alle Liebe in deiner Seele verschwunden, und kannst du zugeben, daß ——

Heidenstern S. Hemme deine Thränen, liebste Schwester! ehe noch die Sonne untergeht, sollst du vollkommene Genugthuung haben. (zu den Zuschauern) Ich müßte kein Mensch seyn, wenn mir diese Schande nicht bis in das Innerste meines Herzens dränge! Ich eile, meine Schwester auch mit dem Verlust meines Lebens zu retten. (ab)

Das Gefängniß verändert sich wieder in das Haus. Rosette und Bernardon am Fenster singen folgende Arie:

Bernardon. Meine Freude!
Rosette. Meine Sonne!
Beede. Lebet bloß allein in dir.
Rosette. Dir hab ich die Treu geschworen.
Bernardon. Nur für dich bin ich gebohren,
Beede. Weil ich hab dein Herz bey mir.

Dornheim. (im Herausgehen) Unglückliche Rosette! wie vieles mußt du wegen meinem Sohne leiden. (sieht mit Verwunderung Rosette mit Bernardon om Fenster) Nun Fräulein Rosette, so viel ich sehe, ist der Arrest zu dulden.

Rosette. Bey diesem Kerkermeister hab ich schon längst gewünscht eine Arrestantinn zu seyn.

Dornheim. Aber was wird mein Sohn dazu sagen? — Kerl, wenn er dich bekömmt, haut er dich in tausend Trümmer!

Bernardon. Du alter Geißbock! was hat mir dein Sohn zu befehlen — Mein Schatz, halten wir uns mit dem alten Kerl nicht auf. (das Fenster zu; Rosette wieder in Arrest)

Dornheim. O verflucht! was giebt es für Weibsbilder in der Welt! Wer hätte sich diese Betrügerey einbilden sollen. Ey, ey! mein Sohn wird ein kurioses Gesicht dazu machen.
(ab)

Lisette. Sonst hat man doch Respekt für ein Frauenzimmer, und führt sie nicht so gleich in Arrest!

Rosette. Kömmst du auch Lisette! mein Unglück und meine Schande zu beklagen. Habe ich das durch meine tugendhafte Aufführung verdient?

Lisette. Mein Fräulein! ich habe schon so viel über sie geweint, daß ich unmöglich mehr weinen kann. Nein, das soll ihnen nicht umsonst geschehen seyn! ich will in eigner Person zum Richter gehen. (zu den Zuschauern) Schau der Herr

Herr Richter, will ich sagen, ich bin schon 10 Jahr bey der Fräule in Diensten, ich kenne sie, und ein Schelm ists, der ihr was übels nachredet, und wenn sie es selbsten wären. Was gilts, er wird sie gleich herauslassen.
(ab)

Rosette und Bernardon am Fenster, Therese, und Johann kommen.

Johann. (im herausgehen) Wir gehen halt zum Richter, da wird die Sache gleich vorbey seyn.

Hier folgt eine Arie unter welcher Therese und Johann Verwunderung zeigen.

Bernardon. Meine Ruhe
Rosette. Und mein Glücke,
Beyde. Lebet blos allein bey dir.
Rosette. Alle Schmerzen, alle Plagen,
Bernardon. Will ich gern für dich ertragen,
Beyde. Weil ich hab dein Herz bey mir.

Therese. Wie Rosette, was bedeutet dies? gehen sie so mit mir und meinem Bruder um! wenn sie ihr betrügerisches Herz auf solche Art meinem Bruder entrissen, so wird es mir auch leicht seyn, ihren Bruder mit gleicher Münze zu bezahlen.

Johann. Was Deichsel! was ist das für ein Arrest? auf solche Art würden sich alle Mädchen gerne einführen lassen. Fräulein Rosette mir kömmt vor, sie seyen nicht viel nutze.

Rosette. Ja, ja! gehen sie nur hin, und machen sie es meinem Bruder auch so; Es wird ihm so viel an ihnen, als mir an ihrem Bruder gelegen seyn.

Bernardon. Und du rothröckiger Kupfer und Postentrager, wenn du so schimpflich mit meiner Braut redest, werde ich dir den Dachstul auf den Kopf werfen. (das Haus verändert sich in ein Bierhaus)

Johann. (sucht auf der Erde) Wenn ich nur einen Stein finden könnte, wollte ich dir das Fenster vor der Nase einwerfen.

Therese. Das ist eine Schande für mein ganzes Geschlecht. Ich bedaure bey der ganzen Sache Niemand mehr, als meinen armen Bruder.

Hierzu kommen:

Vierzehnter Auftritt.

Heidenstern V. Dornheim, Martenwell, Heidenstern S. Lisette.

Heidenstern V. Ja, ja, sie mögen sagen, was sie wollen, Herr Dornheim, ich habe sie im Arrest gesehen.

Dornheim. Ich habe sie aber auch in einem Hause am Fenster gesehen.

Lisette. Ich habe sie mit einem Aug im Hause, und mit dem andern im Arreste gesehen.

Therese. Und ich habe diesen Augenblick noch mit der Rosette am Fenster gesprochen.

Jo-

ein Lustspiel.

Johann. Richtig. Ich habe dazu noch mit einem Stein wollen ein Wahrzeichen ins Fenster geben.

Heidenstern V. Hier, da dieses Haus ist der Arrest gewesen.

Heidenstern S. Erlauben sie Herr Vater, dieses Bierhaus stunde allzeit da.

Heidenstern V. Was weißt du — aber sagen sie mir Herr Dornheim, wo haben sie meine Tochter gesehen?

Dornheim. Hier in diesem Hause am Fenster.

Heidenstern V. Zehn Pferde können ja einen nicht aus der Verwirrung ziehen. Aber wir werden gleich in claris seyn. Du Johann klopf an! (Das Haus fliegt weg, hinten ist ein Bierhaus. Rosette sitzt etwas betrunken bey lüderlichen Leuten)

Bernardon. (als Kellner singt)

Wer ein gut Hornerbier
Trinken will, komm zu mir.
Leutchen kehrt bey mir ein,
Hier kann man recht lustig seyn.

Während der Arie bezeigen alle ihre Verwunderung. Rosette kömmt betruknen hervor und singt:

Ihr Dienerinn Herr Vater!
Sind sie alle schon da?
Das ist ein gut Bierl
Recht trefflich! ey ja!

Wenn ihr es werd koſten,
So habt ihr kein Ruh;
Es läuft ſo geſchmiert nunter
Man hat nie genug.

Geht koſt nur, geht trinkt nur: es
ist ja recht gut.
Es ſtärket die Glieder und friſcht auch
das Blut.
Zwey Mäßel ſind drunten, ſo gſchwind,
wie der Bliz
Ein Seitel auf einmal trink ich noch
mit Witz.
(Währender Muſik nach der Arie fängt Bernardon
an zu tanzen. Jeder nimmt ſein Frauenzimmer und
tanzt durch Zauberey dem Bernardon nach. Heidenſtern
B. und Dornheim nehmen einander und tanzen hinter
den andern darein)

Ende des erſten Aufzugs.

Zwey=

Zweyter Aufzug.

Das Theater stellet eine Stadt vor.

Erster Auftritt.

Heidenstern V., Dornheim, Rosette, Martenwell, Therese, Heidenstern S., Lisette und Johann.

Heidenstern V. Dem Himmel sey es ewig gedankt, meine Kinder, daß wir einmal auf meinem Landgute angelanget. Hier werden wir doch wenigstens sicher seyn. Es steckt ein großes Geheimniß darhinter, warum ich sie hergebracht. Eine gewiße Person — — Doch! ich darf ihnen noch nichts davon sagen. In Kurzen werden sie selbst Wunder erfahren. — Dort ist mein Schloß; ich will mit Herrn Dornheim und Johann vorausgehen, um die nöthigen Anstalten zu ihrer guten Bewirthung zu machen — sie alle mögen immer langsam nachkommen.

Dornheim. Ich bin es vollkommen zufrieden, mein Freund, sie wissen es ja, befehlen sie nur.

Johann. Lisetchen höre sie, lauf sie mir ja nicht durch; ich werde gleich wieder hier seyn sie abzuholen.

Lisette. Gehe immer mein englischer, mein liebster, mein goldner Johann: aber laß mich nicht lange warten, ich sag es dir, komm bald wieder. (Johann, Heidenstern V. und Dornheim ab)

Therese. Liebste Freundinn, sagen sie mir doch, können sie sich dann nicht erinnern, was eigentlich mit ihnen vorgegangen ist, nach der Zeit, als man sie von uns in den Arrest geführet?

Rosette. Ich kann sie versichern, so wie ich es ihnen schon gesagt habe, daß ich von allem diesem gar nichts weiß, was sie mir erzählet haben.

Heidenstern S. Aber meine Schwester, ich habe doch im Gefängniße mit dir gesprochen. Du flehtest mich ja um Hilfe an!

Martenwell. Und ich sahe sie mit dem Bernardon an dem Fenster. Sie sangen, schienen sehr vergnügt, und schmähten mich auf die unleidentlichste Art.

Lisette. Ey! und was werden sie wohl zum Bierhäusel sagen, da sie bey der schönen Gesellschaft saßen, und ein derbes Räuschgen hatten! O da waren sie allerliebst.

Rosette. Und wenn es mich mein Leben kosten sollte, wüßte ich ihnen nicht das geringste zu sagen. Ich weiß nicht einmal, wie ich

aus

Ein Lustspiel. 45

aus dem Bierhaus in meines Vaters Haus gekommen bin.

Martenwell. Dieses ist auf folgende Art geschehen, so bald wir sie in dem bezauberten Bierhaus gesehen hatten, wurden wir alle auf gleiche Art unserer Sinnen beraubt. Wir fingen alle an zu tanzen, und zwar so lang, bis wir zu ihres Vaters Haus kamen; da bekamen wir unsere Vernunft ein wenig wieder, sie aber meine Rosette blieben noch immer ohne Sinne. Wir brachten sie in ihr Bett, sie schliefen ein, wir weckten sie kurz hernach auf, wir thaten hundert Fragen an sie, aber sie wollten von allem eben so wenig, als itzt etwas wissen.

Rosette. Was ich von allem weiß, ist das, so bald mich die Wache auf unsre Stiege brachte, war mir nicht anders, als wenn eine schwarze Wolke mich völlig bedeckte, und in dieser Finsterniß und Unwissenheit bin ich so lange gewesen, bis sie mich in meinem Bette aufgeweckt haben. Aber o Himmel! Martenwell! Therese! Was sehe ich? mein Vater bringt den verhaßten Bernarden hie her!

Zweyter Auftritt.

Vorige, Bernardon als Heidenstern V. (führt einen andern, der als Bernardon angezogen ist, herein.)

Bernardon. Geben sie sich nur zufrieden Herr Bernardon! sie sollen meine Tochter haben. Bleiben sie ein wenig da an der Seite stehen. (der als Bernardon verkleidte geht ab)

Bernardon. Meine Kinder und meine Freunde, ich habe ihnen versprochen ein großes Geheimniß zu entdecken, und ich will auch mein Wort halten. Höret und erstaunet! Rosette und du junger Heidenstern, ich bin nicht euer Vater, ich bin nicht der, von dem ihr das Leben erhalten; Ihr seyd Zwillinge, die ich auf der Straße vor meinem Hause gefunden habe. Mein gutes Herz und das Mitleid hat mich bewogen euch in mein Haus tragen zu lassen; Ich habe euch bis diese Stund als meine Kinder erzogen, und die ganze Welt hat euch dafür gehalten. — — Auweh! mein Herz klopft, der Leib zittert, da ich euch dieses Geheimniß entdecke.

Heidenstern S. O Himmel! was für eine Nachricht!

Rosette. Es ist nicht anderst, als wenn das Unglück beschlossen hätte, mich gänzlich zu zernichten.

Lisette. Das ist meiner Seele recht was heuriges.

Bernardon. Es ist nicht anders. Aber laßt es euch nicht gereuen, daß ich euer Vater nicht bin, denn ich bin ein ruchloser böser Zauberer und Hexenmeister. Die Zauberey mit dir in dem Haus und in dem Gefängniß hab ich gemacht, durch Betrug und Zauberey habe ich meinen Reichthum. Betrug und Zauberey war mein Leben, Betrug und Zauberey wird auch mein Tod seyn. Lebet wohl ihr Unglückseligen, suchet euren Vater, ich bin es nicht mehr. (geht ab)

(Rosette und Heidensterns Sohn sind voller Erstaunung)

Therese. Wenn ich diese Unterredung nicht selbst mit angehört hätte, würde ich es nimmer geglaubt haben.

Martenwell. Ich hätte eher des Himmels Einfall vermuthet, als daß der alte Heidenstern nicht der Rosette Vater seyn sollte.

Rosette. Die ganze Sache kömmt mir wie ein Traum vor! Wer bin ich? — Wer ist mein Vater? wo ist er? — Ach ruchloser Heidenstern! hättest du mich in meiner Jugend zu Grunde gehen lassen, so dürfte ich jetzo nicht den Schmerz fühlen, mich ohne Vater, als eine unglückliche Waise zu sehen.

Heidenstern S. Wo bin ich? wie geschieht mir? Heidenstern ist nicht mein Vater! ich bin nicht sein Sohn? Himmel! ich verzweifle. — Verdammter Zauberer, ich bedaure nicht, daß ich dich als Vater verliere, sondern das kränket mich, daß ich dich so lang als Vatern verehret. — Doch! ich ſehe ihn ſchon wieder — hier kömmt er.

Dritter Auftritt.

Die Vorige, Heidenſtern V.

Heidenſtern V. (aus der Scene, in welche er vormals hineingegangen) Meine Kinder kommt. Im Schloße iſt alles nöthige zubereitet. Kommet! alſo, ich werde euch das Geheimniß entdecken.

Martenwell. Verdammter Zauberer! was willſt du dieſen unglückſeligen Kindern noch mehr entdecken? deine Offenbarung hat uns allen ohnehin ſchon Schmerzen genug verurſachet.

Thereſe. Die tugendhafte Aufführung der Roſette und des Heiderſterns hätte mir ſchon längſt voraus ſagen ſollen, daß ein ſo abſcheulicher Vater keine ſo tugendhafte Kinder haben könne.

Roſette. Wenn die Natur ja noch ein abſcheuliches Monſtrum will geboren werden laſſen, ſo muß es, Nichtswürdiger deine Geſtalt entlehnen — Ein ſo laſterhafter Betrüger verdient den Namen Vater nicht mehr.

Heidenſtern S. Entweder verlaugneſt du die Natur, oder du redeſt die Wahrheit. Redeſt du die Wahrheit, und ſind wir nicht deine Kinder, o ſo ſind wir glücklich, daß uns kein ſolch Betrüger erzeuget. Verlaugneſt du aber das Gefühl der Natur, und ſind wir
dei=

deine Kinder, so verlieren wir sehr wenig an einem Vater, der ein Zauberer ist. — Komme meine Schwester, laß uns dieses Unthier fliehen. Wir wollen in die Welt gehen, wir wollen unsere Aeltern suchen, du aber Lasterhafter wirst durch die Strafe des Himmels in kurzem ein trauriges Ende nehmen. (nimmt Rosetten bey der Hand, und geht eilends mit ihr ab.)

Heidenst. V. (welcher während dem alle mit Erstaunen angesehen.) Te, te! was ist das? he! mein Sohn! he! Rosette! was für ein Unglück. Ach! meine Kinder sind närrisch geworden. He! he! (läuft ihnen schreyend nach.)

Therese. Komm mein Bruder! wir wollen diesen abscheulichen Ort verlassen, wir wollen unsern Vater aufsuchen, und sodenn überlegen, was der armen Rosette und des jungen Heidenstern wegen wohl zu thun seyn mag. (Martenwell führt Theresen ab.)

Lisette. Das ist eine saubere Historie! ich bedaure bey dieser Sache niemanden mehr, als die arme Rosette. Itzt bleib ich keinen Augenblick mehr bey dem alten Zauberer im Hause. Da kömmt eben mein Johann, diesem will ich meine ganze Meynung sagen.

Vierter Auftritt.

Bernardon, als Johann und Lisette.

Bernard. Bist du noch hier, Lisette?

Lisette. Ja mein bester Johann; ich habe

be diesen Augenblick eine Resolution gefaßt, worüber du erstaunen wirst. Itzt liegt es nur an dir, wenn du willst, so soll morgen oder übermorgen unsere Hochzeit seyn. Heute noch geh ich aus dem Dienst, ich werde mir mit meiner Handarbeit schon mein Brod verdienen; weißt du aber auch, warum ich so plötzlich aus dem Haus gehe? — O mein Johann, der alte Heidenstern ist ein Zauberer, Rosette und sein vermeinter Sohn sind nicht seine Kinder, und — —

Bernard. (seufzet, und fällt ihr in die Rede.) Ach, Lisette, ich weiß schon alles wegen dem alten Heidenstern und seinen Kindern, aber das ist noch alles nichts gegen meine Historie. (fängt an zu weinen.)

Lisette. (ängstlich, trocknet Johann die Thränen ab.) Aber so sage mir doch um des Himmels willen, was ist dir denn geschehen?

Bernard. So willst du mich wirklich heirathen?

Lisette. Ganz gewiß. Mit dir will ich leben und sterben.

Bernard. Mein Lisettchen, wenn du mich heirathest; so bist du in 2. oder 3. Tägen eine Wittwe. Nun erfahre alles. Vor acht Jahren kam ich aus Ostindien hier an. In China diente ich einem reichen Haarbeutelmacher, diesem gienge ich davon, und stahl ihm über 6000. fl. Haarbeutel; mit diesen kam ich hieher nach Europa, und verhandelte sie denen Kaufleuten. Du wirst dich noch zu erinnern wis-

wissen, daß man vor Zeiten lauter kleine Haarbeutel getragen, diese waren eben die nämliche, die ich aus China mitbrachte, denn die Chineser tragen sie alle sehr klein, und als sie nun aufgehört, siehst du, so trägt man große. Ich habe geglaubt, hier sicher zu seyn, aber o Unglück! was habe ich hören müssen! vor drey Tagen liefen von dem chinesischen Haarbeutelmacher Steckbriefe wegen mir ein, und zur Satisfaktion fordert er nichts weniger, als daß ich gehenkt werden solle. Die Rumorknechte suchen mich schon allenthalben, und es wird bald um mich geschehen seyn, denn ich weiß mir nicht mehr zu helfen. (weint)

Lisette. Nun, das ist wahrhaftig noch was neueres, als das Vorige mit dem alten Heidenstern! Du bist also ein Dieb?

Bernard. Das ist noch nicht genug, wissen sie, daß ich in China schon drey Weiber und 48. Kinder gehabt habe!

Lisette. Ey, du abscheulicher Kerl! drey Weiber? — o du arme Lisette, wie bist du angeführt worden!

Bernard. Betrübe sie sich nicht, meine liebe Lisette, ich bin ein Schelm, ich verdiene es nicht. — Eben recht, hier kömmt der brave Heinrich; dieser soll den Platz ersetzen. Er verdienet sie tausendmal eher.

Fünfter Auftritt.

Heinrich und die Vorigen.

Bernard. (geht Heinrichen entgegen, nimmt ihn bey der Hand.) Da Herr Heinrich, nehme er seine Braut, die ihm von Rechtswegen zugehört. Vor einen solchen Schelm wie ich bin, ist kein so ehrliches Mädchen gemacht. (weint) — Und wenn meine Begräbniß in punkto des Henkens seyn wird, so erbitte ich mir von dem Brautpaar noch die letzte Ehre, dabey unfehlbar zu erscheinen. (weinend ab.)

Lisette. (Läuft auf dem Theater hin und her.) O du Schelm! o du Betrüger! o ich armes Mädel, o ich unglückselige Lisette!

Heinrich. Ich begreife die ganze Sache nicht. Jungfer Lisette, ich sehe, daß sie ganz verwirrt sind, ich will lieber von hier gehen.

Lisette. (Zornig) Nein, hier bleib der Herr. Aus Desperation will ich den Herrn heirathen. (wieder verwirrt, will sich die Haare aus dem Kopf raufen.)

Heinrich. (ängstlich) Wenn sie erlauben, so will ich ein andermal kommen.

Lisette. Nein, sag ich! ich habe es dem Herrn schon einmal gesagt, daß ich ihn itzt gleich aus Desperation heirathe. Aber sag er mir, wie kömmt er just itzt daher?

Heinrich. Mein Herr hat mich hieher bestellt.

Lisette. Ja, er wird auch seinen Herrn hier finden. Ich hab ihn schon gesehen — ich werde ihn auch heirathen — ich werde seine Braut seyn — aber — er wird es sehen - er wird es erfahren.

Heinrich. Nein mein Frauenzimmer, auf solche Art mag ich sie nicht heirathen.

Lisette. Stille! — gieb mir der Herr seine Hand, und unterstehe er sich kein Wort zu reden. — Ha! da kömmt der Filoux! da kömmt der Schelm! Itzt soll der Herr hören, was ich von ihm reden werde.

Sechster Auftritt.

Johann, die Vorigen.

Johann. (eilends) Da bin ich wieder, meine liebe Lisette.

Lisette. Ja, Schelm! bist du da? ich bin auch da, siehst du mich. Schaue mich nur an, aber das letztemal. Noch einen schlechtern Kerl als diesen hätte ich geheirathet, nur um dir zu zeigen, wie wenig mir an dir gelegen ist. Geh Betrüger! geh nach China, und lasse dich mit deinen 48. Kindern aufhenken, du verdammter Haarbeuteldieb. (zornig mit Heinrich ab.)

Johann. (sieht ihnen mit lächerlichen Stellungen der Verwunderung nach.) Potz tausend sa! sa! geht die Welt auf einmal zu Grund! Ist das Weibsbild besessen! Was China —

was 48. Kinder — und wer ist ein Haarbeuteldieb! — was macht der Kerl da bey ihr? Ich möchte vor Zorn zerspringen. (läuft zornig den Vorigen nach.)

Siebenter Auftritt.

Zimmer mit einem Bette, in welchem Bernardon. Therese.

Therese. Ich suche den jungen Heidenstern und die Rosette aller Orten. Ich will von beyden auf ewig Abschied nehmen, alsdenn diesen abscheulichen Ort verlassen, wo nichts als Betrug und Zänkerey zu finden ist. (Bernardon seufzet im Bette.)

Therese. (erschrocken jemanden seufzen zu hören, geht zu dem Bette, macht den Vorhang auf, erschrickt.) Himmel! was sehe ich! Heidenstern mein Geliebter, was ist ihnen geschehen? (Bernardon liegt als Heidensterns S. im Bette.)

Bernard. Meine liebste Therese! itzt will ich gerne sterben, da ich sie vor meinem Ende noch sehen kann. Mein grausamer Vater hat mich in diesen elenden Stand gesetzt. Vor kurzem bekannte er mir, daß er mein wirklicher Vater sey, und mich nur aus der Ursache verläugnet hatte, damit sie, meine geliebte Therese von mir abstehen sollten. Er befahl mir an sie nicht mehr zu gedenken, weil er mit mir eine heimliche Verbindung mit des Ber-

nar-

nardons seiner Schwester in Anschlag hätte; und da ich ihm antwortete, daß ich eher mein Leben verlieren, als sie verlassen wollte, zog er einen Dolch, und versetzte mir damit einen tödtlichen Stoß.

Therese. Ach Gott! kann ein Vater mit seinen Kindern so grausam verfahren! bleiben sie indessen ruhig mein Bester! ich will, wenn es möglich, an diesem abscheulichen Orte Hülfe und Rettung für sie suchen. (sie macht den Vorhang wieder zu, und geht hervor.) Alles Unglück versammelt sich hier. Stirbt mein Geliebter, so will ich doch vorher durch die richterliche Gewalt seinem mörderischen Vater den verdienten Lohn verschaffen, und alsdann durch den Tod meinem Geliebten in die andere Welt folgen. (geht eilfertig auf der rechten Seite ab.) (Unter dieser Rede ist Bernard. mit dem Bette auf die linke Seite gefahren.)

Achter Auftritt.

Bernardon, Martenwell.

Martenw. (kömmt linker Hand.) Ich muß vor meiner Abreise noch Rosetten sprechen, alsdenn in die Stadt eilen; und dorten den lasterhaften Heidenstern als einen Zauberer angeben, ihm durch die richterliche Gewalt seinen wohlverdienten Lohn zu verschaffen.

Bernard. (seufzet im Bette.)

Martenw. Wen höre ich hier seufzen?

Bernard. (seufzet noch einmal.)

Martenw.. Es muß jemand krank in diesem Bette liegen; wer wird es doch seyn? (geht zum Bette, macht den Fürhang auf.) O Unglück! meine Rosette! in was für einem Zustand finde ich sie?

Bernard. (der als Rosette im Bette liegt) Geliebter Martenwell! der Himmel hat sie zu rechter Zeit geschicket, um ihre Rosette das letztemal zu sehen.

Martenw. O ich Unglückseliger! reden sie mein Leben! wer hat sie in diesen beweinenswürdigen Stand gesetzet?

Bernard. Ach! mein barbarischer Vater!

Martenw. Gott! ihr Vater!

Bernard. Ja, mein Vater. Dieser Unmensch betheuerte mir, daß er mein leiblicher Vater wäre, und nur deßwegen mich verläugnet hätte, damit sie, mein geliebter Martenwell von mir abstehen sollten. Ich müßte den Bernardon ganz sicher zu meinem Gemahl nehmen, und da ich mich auf das äußerste widersetzte, und betheuerte, daß ich eher sterben würde, als meinen geliebten Martenwell zu verlassen, war er von Wuth so eingenommen, daß er einen Dolch ergriff, und mich zweymal tödtlich verwundete.

Martenw. Englische Rosette! diese Nachricht wird mir den Tod bringen; gedulden sie sich mein Leben, ich werde alle menschliche Hülfe aufsuchen, und da das Reden zu ihrer Wunde gefährlich seyn könnte, so geben
sie

ein Lustspiel.

sie sich nur etliche Augenblicke zur Ruhe. (Ziehe den Vorhang zu, geht hervor.) Es scheinet, als als ob sich alles Unglück wider mich verschworen hätte. Ha! verfluchter Mörder! stirbt meine Rosette, so sollst du keine Minute ihren Tod überleben. Gott! wie werde ich an diesem elenden Orte Hülfe für meine Rosette finden! Ich gehe, die ganze Welt zu ihrer Rettung herbey zu schaffen. (geht Linkerhand ab.) (Das Bett ist mit Bernardon auf die linke Seite gefahren.)

Neunter Auftritt.

Therese, Bernardon.

Therese. (kömmt ängstlich heraus.) An diesem abscheulichen Orte ist kein Doktor und kein Barbier zu finden, doch hat mir eine gutherzige Frau diesen Geist gegeben, welcher indessen zu einer Erholung meinem geliebten Heidenstern dienen soll; wenigstens in so lange, bis der Bote, den ich abgefertiget, mir aus der Stadt einen Doktor und Barbier bringen wird. Ach! ich zittere! ich fürchte mich das Bett zu öffnen. Meine Füsse wanken, und mein Herz, das in der beklemmten Brust klopfet, will mir was entsetzliches prophezeihen. O! vielleicht ist mein Geliebter schon todt, arme Therese, mache dich gefaßt, zu einem Anblick, der dich vielleicht tödten wird. (geht zum Bette und öffnet den Vorhang.) Mein Geliebter, leben sie noch?

D 5 Bet=

Bernard. (Wieder als Heidenst. S. gekleidet.) Ja! mein Geist hat nur noch ihre Ankunft erwartet, um ihnen das letzte Lebewohl zu sagen.

Therese. Geschwinde, mein Leben! nehmen sie diesen Geist, er wird ihnen indessen zu neuen Kräften helfen. (Sie will ihm das Fläschgen zur Nase halten.)

Bernard. Sie bemühen sich umsonst meine Geliebte! es ist alle Hilfe verloren. Ich empfinde die Angst des Todes, und mein Sterben wird nur dadurch erleichtert, daß ich noch vor meinem Ende sagen kann — Therese, leben sie ewig wohl! (stirbt.)

Therese. O armes höchstgequältes Herz! (nachdem sie den Vorhang vorgezogen und hervor getreten) deine unglückliche Ahndung hat leider! zugetroffen. Weine Unglückliche! weinet ihr Augen! ihr habt den Tod meines Geliebten mit angesehen — Warum habt ihr euch bey diesem entsetzlichen Anblick nicht ebenfalls geschlossen! Doch Geduld! Erstlich soll Rache – alsdenn meine Seele meinem Geliebten ins Grab folgen. (eiligst rechter Hand ab.)

Zehnter Auftritt.

Martenwell, Bernardon.

Martenw. (In Eile heraus, mit einem Balsambüchschen in der Hand.) Liebe und Verzweiflung haben mich zu allen Einwohnern dieses Orts

Orts geführt, allein vergebens, diese Elende haben keine Hilfe für meine Rosette. Ich habe einen Reitknecht von mir in die Stadt geschickt, und bis zu seiner Rückkehr soll indessen dieser Balsam meine Geliebte Rosette in etwas erquicken. — Ein kalter Schauer überfällt mich! werde ich meine Rosette wohl noch am Leben finden! — Welch erschröckliche Ahndung! ich gehe zu meinem Leben, oder in meinen Tod. (macht den Vorhang auf)

Bernardon. (welcher mit dem Bette wieder auf die rechte Seite gefahren zeigt sich abermals als Rosette) So habe ich doch den Augenblick erwartet, denjenigen noch vor meinen Ende zu sehen, der mir auf dieser Welt stäts das liebste war.

Martenwell. Geschwind mein Leben! bedienen sie sich dieses Balsams, mein Reitknecht wird diesen Augenblick von der Stadt mit aller Hilfe zurückkehren.

Bernardon. Mein Martenwell, alle Hilfe ist vergebens, ich fühle schon, daß sich der Brand dem Herzen naht, dem Herzen, welches ewig nur ihnen gewidmet war. Der Himmel, welcher unsre reine Liebe erkannt, will uns erst in jener Welt vereinigen. Küßen sie zum letztenmal diese Hand, welche durch ein ewiges Band sollte mit ihnen verknüpfet bleiben. Der Tod trennet uns, und setzet sie in den Stand für diese Hand eine andere zu wählen. Mein Wunsch ist nur, daß sie ein Herz finden mögen, welches sie stäts so zärtlich, so

getreu

getreu lieben möge, als ich sie geliebt habe. O Himmel! die Augen brechen — Die Zunge erstarrt — Martenwell — Martenwell — ich sterbe.

Martenwell. (welcher während dieser Rede vor dem Bette kniet, hielt den Bernardon beständig bey der Hand und küßte ihm solche zu verschiedenenmalen) O Himmel! ihre Augen sind geschloßen — ihre Hand erkaltet und meine Freude ist todt. (springt auf, macht den Vorhang zu) Rache und Verzweiflung wüten itzt in meinem Eingeweide! Wo bist du verfluchter Mörder! Diese Hand soll in Kurzem von deinem Blute rauchen! — Ach! hier kömmt meine unglückliche Schwester.

Eilfter Auftritt.

Therese von der rechten Seite und Martenwell.

Martenwell. (läuft auf sie zu) Komm meine Schwester! und höre von deinem armen Bruder ein Unglück, das die Welt noch nie erlebet hat. Rosette deine Freundinn — Rosette meine Geliebte, meine Braut, mein Leben, ach — diese göttliche Rosette ist todt!

Therese. O mein armer Bruder, so hast du auch ein gleiches Schicksal erleben müßen! vor wenig Augenblicken habe ich auch den Tod meines theuresten Heidensterns mit Augen gesehen.

Mar-

Martenwell. O Schicksal! so hast du auch deinen Liebsten verlohren!

Therese. Ja! und meine unglückselige Augen haben hier in jenem Bette sein Ende mit ansehen müßen. (zeigt auf die linke Seite)

Martenwell. Und eben hier in diesem Zimmer hat meine anbetenswürdige Rosette diesen Augenblick ihren Geist aufgegeben. Ich muß sie noch einmal sehen——

Therese. Und ich will ihn noch zum letztenmal auf ewig betrachten.

(Beyde wenden sich zugleich, Therese auf die linke und Martenwell auf die rechte Seite)

Therese.
    und   (zugleich) Wo ist das Bett?
Martenwell.

Martenwell. Schwester! meine Rosette ist auf dieser Seite gestorben.

Therese. Und mein Geliebter auf dieser.

(Bernardon ist während mit seinem Bette in die Mitte des Theaters gekommen. Er seufzet: Therese und Martenwell wenden sich erschrocken zu dem Bette.)

Martenwell. Meine Schwester, ich bin außer mir! dieses Bett ist völlig an jener Seite gestanden und jetzt steht es hier.

Therese. Mir wird ganz Angst. Ich kann dir schwören, daß das Bett an jener Seite gestanden ist.

Bernardon. (seufzet wieder)

Martenwell. Komme Schwester, ich muß doch sehen, wer in diesem Bette ist. (er geht mit Theresen zugleich hin. Sie machen auf beyden Seiten

ten den Vorhang auf. In dem Augenblick springt Bernardon als ein Satyr aus dem Bette, und jaget den Mertenwell mit Theresen, unter Geschrey, welche zwey ebenfalls vor Schrecken schreyen, auf die linke Seite fort.

Bernardon. (zieht die Maske ab, und lacht) Die Zauberey geht unvergleichlich. Man kann sich dabey recht lustig machen; auf diese Art bleib ich mein Lebtag ein Zauberer — — A ha! Da kömmt der junge Heidenstern und Rosette, mit diesen will ich auch einen Spaß haben, daß ihnen die Augen übergehen sollen. (er springt hinter das Beat)

Zwölfter Auftritt.

Heidenstern Sohn, Rosette, Bernardon.

Heidenstern S. So viel mir Dornheim gesagt, sollen wir hier in diesem Zimmer den alten Heidenstern finden. Schwester dies soll die letzte Unterredung mit ihm seyn, schütte allen deinen Zorn in vollem Maße auf diesen Zauberer und Betrüger aus, und alsdann wollen wir unsere Eltern und unser Glück in der Welt suchen.

Rosette. Wie wird es mir unglückseligen noch ergehen, da ich ohne Eltern, ohne Mittel auf allen Seiten verlaßen bin.

Heidenstern S. tröste dich, liebste Schwester, ein mitleidiger Himmel, der über unsre Unschuld wacht, wird uns nicht verlaßen. Du weißt

Ein Lustspiel.

weißt, daß ich die Scripturam Toppiam kann, und daß ich einen guten Freund habe, der mir mit ein paar hundert Dukaten an die Hand gehen wird, alsdann kann mir ein Dienst nicht fehlen; Und auf diese Art werde ich dich und mich recht nobel fortbringen.

Bernardon. (seufzt in Bette)

Heidenstern S. und Rosette (wenden sich nach dem Bette)

Heidenstern S. Wen höre ich da im Bette ächzen?

Rosette. Ich hör es auch. Wir wollen doch nachsehen: vielleicht ist es jemand, der unserer Hilfe benöthiget ist.

Beede. (gehen zu dem Bette, machen zugleich den Vorhang auf. Bernardon zeiget sich als Heidensterns V)

Heidenstern S. Was für ein schrecklicher Anblick ist dieser! Komme Schwester, wir wollen uns entfernen.

Bernardon. Bleibet und höret euern sterbenden Vater. Martenwell hat mich in diesen unglücklichen Stand gesetzt, weil ich nicht habe zugeben wollen, daß du Rosette seine Braut seyn solltest. Er hat seinen Degen entblößt und mir einen tödtlichen Stoß versetzet. Höret nun den Willen eures gewesten Freundes! du Rosette sollst den Bernardon, du aber des Bernardons seine Schwester ehligen. Ich bekenne noch einmal vor meinem Tode, daß ihr beyde nicht meine leibliche Kinder seyd, wollt ihr also eures Elends ein Ende machen, so

voll=

vollziehet diesen meinen letzten Willen. Ich sterbe! und bin durch mein ruchloses Leben auf immer verlohren. (stirbt)

Heidenstern S. und Rosette machen den Vorhang zu)

Heidenstern S. Stirb Bösewicht! und empfange jenen Lohn, den du dir durch deine lasterhafte Thaten zubereitet hast.

Rosette. Mein Bruder! in Ewigkeit werde ich mich nicht entschließen den Bernardon zu ehlichen. Mein Vorsatz ist, mich Zeitlebens in ein Kloster zu verschließen. Alda werde ich den Himmel anrufen, uns noch dereinstens unsre rechte Eltern anzuzeigen.

Dreyzehnter Auftritt.

Heidenstern V., Therese, Martenwell, und Dornheim.

Heidenstern V. (von innen) Nein, ich laße euch nicht! und ich will euch zeigen, daß ich ein ehrlicher Mann bin.

Heidenstern S. Gott! was ist dieses? hier stirbt der verdammte Zauberer, und dort kömmt er wieder.

Heidenstern V. (führt Theresen und Martenwell mit Gewalt heraus) Ihr werdet es sehen, daß alles, was geschehen, eine bloße Zauberey ist.

Heidenstern S. Ja, Betrüger! du hast Recht, ich glaube nicht, daß bey stehender Welt noch ein solcher Zauberer gelebt hat. Diesen

sen Augenblick stirbt der Unmensch in diesem Bette, und jetzt kommt er neuerdings uns zu quälen.

Heidenstern V. Kinder! seyd ihr rasend?— Wer ist in diesem Bette gestorben? — Haben euch so viele Zaubereyen noch nicht die Augen geöffnet? Sehet ihr noch nicht ein, daß ich in allem unschuldig bin, und daß ein boshafter Zauberer, welcher vermuthlich der Bernardon seyn muß, alle diese Verwirrungen anstellt?

Rosette. Wenn sie kein Zauberer wären, wie wäre es denn möglich, daß sie vor unsern Augen diesen Augenblick in diesem Bette gestorben wären.

Heidenstern V. Kommen sie Martenwell! wir wollen diese Zauberey gleich entdecken, um zu sehen, welche Furie meine Gestalt an sich genommen hat.

Heidenstern V. und Martenwell machen zugleich den Vorhang auf, Bernardon springt wieder als Satyr verkleidet aus dem Bette, macht einen grossen Lärm, und alle laufen unter Schrecken und Schreyen linker Hand ab)

Ende des Zweyten Aufzugs.

Dritter Aufzug.

Das Theater stellet einen kurzen Wald vor, wo an einer Seite ein Wirthshaus.

Erster Auftritt.

Heidenstern V., Dornheim, Heidenstern S., Therese, Martenwell, Rosette, Johann, und Lisette.

Heidenstern V. Unmöglich kann ich meine übermäßige Freude ausdrücken, die ich empfinde, daß sie wenigstens nunmehro alle überzeugt sind, daß ich derjenige alte ehrliche Mann bin, der ich jemalen gewesen. Sie sehen nun, daß es eine bloße angestellte Zauberey unserer Feinden war, die nur auf alle Wege trachten uns zu verwirren und unglücklich zu machen. Bernardon ist dieser Zauberer, ich lasse mir es nicht nehmen. In dieser gewissen Meynung habe ich einen gelehrten Mann, einen sichern Seltenheim zu mir heraus bestellet, um mich mit ihm zu berathschlagen, wie wir wohl diesen Zauberer Bernardon auf dieses mein Landgut herlocken, und ihn alsdenn für seine angestellten Streiche bestrafen mögen. Und dieses wird sehr leicht angehen, weil ich hier Herr vom Orte bin.

ein Lustspiel.

Heidenst. S. Werthester Herr Vater, ich bitte sie tausendmal um Vergebung. Ich werde meinen Fehler durch Hochachtung und Ehrfurcht zu verbessern trachten.

Rosette. Auch ich habe sie zu bitten, mir meine Verirrung zu verzeihen. Ich hoffe, daß sie solches um so gesicherter thun werden, da sie selbst eingesehen, wie sehr man uns hintergangen.

Dornheim. Ja, ja, wahrhaftig sie müssen ihnen vergeben. Es war alles zu sehr wider sie, als daß man einen Betrug hätte vermuthen sollen.

Heidenst. V. Ich verzeihe ihnen allen mit Vergnügen, denn ich habe zu wohl gesehen, daß nur allein die Zauberey an ihrem Vorgehen Ursache war.

Johann. Gnädiger Herr! sie werden doch nicht vergessen, was sie uns versprochen haben.

Lisette. Daß wir uns lustig machen werden. Euer Gnaden müssen Wort halten.

Heidenst. V. Ja, meine Kinder, das soll geschehen. Ich will mein Versprechen erfüllen. Dieses Wirthshaus, welches hier im Walde liegt, sieht zwar nicht schön aus. Aber der Wirth und die Wirthin sind lustige Leute, die uns alle angenehme Unterhaltung verschaffen, und uns auf das kostbareste bewirthen können. Ich habe diesen Ort mit Fleiß gewählt, um da unseren ausgestandenen Schrecken durch ein gutes Glas Wein und ein halb

E 2 Dutzend

68 Der verbrennte Zauberer,

Duzend Fasanen in Vergessenheit zu bringen. Geh Johann, ruf den Wirth heraus. (Johann klopft an.)

Zweyter Auftritt.

Vorige, Bernardon in der Trauer als Wirth.

Bernard. (weinend) Gehorsamer Diener allerseits. Die ganze hohe Compagnie wird sich ohne Zweifel bey mir lustig machen wollen?

Johann. Der sieht meiner Seel nicht gar zu lustig aus.

Heidenst. V. Aber was bedeutet das, mein Freund? Warum in der Trauer? warum so betrübt?

Bernard. (unter vielem Weinen) Ja so sind wir Menschen. Heute roth, morgen todt. Aber was hilfts, es ist nun schon nicht anders in dieser zergänglichen Welt.

Heidenst. V. Was ist dem Herrn dann widerfahren? Hier werden wir übel ankommen. Wir hatten die Absicht, uns in seinem Wirthshause rechtschaffen zu erlustigen.

Bernard. Ach! mein Herr! Die ganze Welt ist ein Wirthshaus; wir arme Menschen sind die Gäste, und müssen allezeit die Zeche mit dem Tode bezahlen.

Johann. Wir wollen uns lieber wieder retiriren, gnädiger Herr; denn ich sehe im
vor-

voraus, daß es hier eine elende Mahlzeit von Heulen und Weinen absetzen wird.

Heidenst. V. So halte er uns doch nicht länger auf, und sag er uns, was ihm für ein Unglück begegnet ist.

Bernard. (wehmüthig) Meine Antscherl, die bey einer gnädigen Fräulein Stubenmädel war, und die ich aus meines gnädigen Herrn Hause geheirathet habe, ist gestern gestorben, und eben itzt ist man in Begriff, dieselbe zu begraben. — — Ach! das schöne, das liebe, das englische Weib!

Rosette. Was hör ich? Ists möglich, die gute Anscherl ist gestorben? die ich so sehr lieb hatte.

Therese. Es ist wahrhaftig nicht anders, als wenn wir bestimmt wären, gar keine Freude mehr in der Welt zu haben.

Johann. Aber mir, aber mir ist durch diesen Tod der größte Possen geschehen. Wenn sie lieber morgen gestorben wäre, so hätten wir doch heute noch bey ihm braf essen und trinken können.

Bernard. Der Herr wird nichts dabey verlieren. Ich nehme mir die Freyheit, sie allerseits zum Begräbniß einzuladen. Während demselben werde ich die Ehre haben, ihnen mit verschiedenen Speisen und Wein aufzuwarten — Aber will niemand von ihnen meine todte Antscherl sehen? sie liegt so schön, so aufgeputzt da, und ist noch so roth im Ge-
sichte,

sichte, als wenn sie wirklich noch am Leben wäre.

Rosette. O ja! zur guten Letzt will ich sie noch einmal sehen.

Bernard. Das ist mir ja recht angenehm. Ihro Gnaden sind mir auch unter allen die angenehmste Person. Belieben sie nur mit mir ins Haus zu gehen. (geht mit Rosette ab.)

Heidenst. V. Wenn Rosette wieder zurück kömmt, so will ich sie an einen andern Ort führen, wo wir uns lustiger machen wollen.

Dornheim. Sie werden uns dadurch unendlich verbinden, denn endlich wird es uns auch wohl bekommen, wenn wir uns nach unsern ausgestandenen Schrecken wieder in etwas erholen können.

Martenw. Ja, wahrhaftig. Denn ich glaube, daß wir alle von denen Unordnungen ziemlich betroffen sind.

Therese. Wenn doch nur Fräulein Rosette bald käme, ich kann sie kaum erwarten; denn der Todesfall der guten Antscherl hat mich neuerdings wieder betrübt gemacht.

Heidenst. V. Geben sie sich zufrieden, Fräulein Therese. Wir wollen uns schon bemühen, durch angenehme Zeitvertreibe ihnen alles dieses vergessen zu machen.

Johann. Ich werde mein möglichstes beytragen; aber Euer Gnaden, wenn es nur einmal was zu essen und zu trinken absetzte.

Heidenst. V. Der Kerl treibt es doch, als wenn er acht Quatembertage gehalten hätte.

Johann. Ja, wenn euer Gnaden aber wüßten, wie der Schrecken meine Gedärme zusammen gebeutelt, so würden sie sich nicht wundern, wenn ich einen ganzen Wirth arm fräße.

Dritter Auftritt.

Vorige, Bernardon immer als Wirth.

Bernard. Euer Gnaden verzeihen, ich kann das Fräulein nicht von meinem todten Weibe bringen. Ach! wenn sie doch zusähen. Eine Menge Freunde und Kinder vom bittersten Schmerzen durchdrungen — man müßte ein steinernes Herz haben, wenn einen dieser Anblick nicht rühren sollte — unmöglich kann man sich der Thränen enthalten. Wollen sie nicht allerseits dieses betrübte Spektakel mit ansehen?

Heidenst. V. Ich danke ihm mein Freund, ich ware unlängst betrübt genug, um es neuerdings zu seyn.

Dornheim. Auch ich danke, es möchte mir nicht wohl dabey werden.

Bernard. Nun so will ich ihnen doch wenigstens von meinen armen Kindern ein trauriges Spektakel weisen; dieß wird sie gewiß zum Mitleiden bewegen, und das Heulen und Schreyen unschuldiger Kinder wird sie um so mehr rühren, da diese noch nicht einmal verstehen, was der Verlust einer Mutter ist.

Diese traurige Scene müßen sie mit ansehen, ich werde sie ihnen gleich zeigen. (ins Haus ab.)

Heidenst. V. So wünschte ich doch, daß ich heute nicht an diesen Ort gekommen wäre. Wenn meine Tochter nicht bald kömmt, so müßen wir sie holen, denn das gute Kind könnte sich bey diesen Umständen selbst eine Krankheit zuziehen.

Vierter Auftritt.

Vorige, und Bernardon mit Kindern.

Bernardon tanzt mit Kindern aus dem Hause heraus, die Kinder als Kellner und Kellnerinnen angezogen, diese zusammen machen einen kleinen lustigen Ballet, und am Ende tanzt Bernardon wieder mit ihnen in das Haus hinein. Während diesem sehen die andern einander bewundernd an, und brechen endlich in ein Gelächter aus.

Dornheim. Das ist doch ein närrischer Kerl! ich würde mir in meinem Leben keinen solchen Einfall vermuthet haben.

Heidenst. V. Hab ich es ihnen nicht gleich gesagt, daß der Wirth so ein lustiger Mann wäre. Das hab ich mir vorgestellt, daß so ein närrischer Gedanke heraus kommen wird. Nun Fräulein Therese! itzt werden sie wegen der Antscherl ihrem Tod doch wieder beruhiget seyn?

ein Lustspiel.

Therese. O ja. Aber ich kann ihnen versichern, daß mir diese Aermste recht nahe gegangen. Ich kenne sie; sie ist sehr braf. Eine gute Hauswirthin, eine gute Mutter, alles was man nur fodern kann.

Heidenst. V. Ja, ja! das will ich glauben. Der Schurke macht es so natürlich, daß ich es Anfangs selbst geglaubt habe.

Martenw. Das heiß ich doch warhaftig verstellen. Er weinte ja, als wenn es ihm noch so sehr zu Herzen gieng.

Heidenst. V. Das macht eben, daß man knap klug aus ihm werden kann. Er hat so schnakische Einfälle, auf die man sich Zeitlebens nicht würde gefaßt machen. Diese lustige Scene hat er uns nur mit Fleiß vorgespielt, damit wir alsdenn einen Stoff zum Lachen, und hiedurch desto vergnügter seyn sollten.

Fünfter Auftritt.

Vorige, Bernardon.

Bernard. (weinend) Nun haben sie also den Kummer, die Betrübniß und das Spektakel meiner armen Kinder mit Augen gesehen; dieß wird ihre harte Herzen wohl endlich erweichet haben? Ach! ich unglückseliger Mann!

Heidenst. V. Ja, in Wahrheit, es hat uns so erweicht, daß wir uns bald auch zu tode gelacht hätten. — Aber ich bin doch neugierig

gierig zu sehen, wie der Herr Wirth diese Traurigkeit auf die letzte noch ausführen, was das Ende von allen diesem noch seyn wird.

Bernard. Gnädiger Herr! ich habe die Ehre schon lange von ihnen gekannt zu seyn, sie wissen, daß ich in allen Fällen ein rafinirter Kopf war. So will ich es auch itzt zeigen. Ich will ihnen einen außerordentlichen Gedanken einer gelehrten Wirthserfindung entdecken. Ich habe mein Weib bey ihren Lebzeiten außerordentlich geliebt, es ist also nichts billiger, als daß ich auch nach dem Tode mit ihr außerordentlich umgehe. Die Art, wie man Todte hier zu Land zur Erde bestättiget, ist mir zu gemein. Nun hab ich mir einmal sagen lassen, und es wird ihnen wohl allerseits bekannt seyn, daß die Römer die Ihrige nach dem Tode zu Staub und Asche verbrennt, die Asche aber sodann in gewissen Gefäßen aufbehalten, die man Urnas nannte. Dies nämliche bin ich willens, mit meinem todten Weibe zu thun, und hiezu habe ich eine ganz besondere Urnam, sie verdient, daß sie es allerseits besehen, sie werden einen besondern Gedanken, und eine seltsame Erfindung daran zu bewundern haben. O diese müßen sie sehen. (ruft in die Scena) He! Kellner, bringet mir die bekannte Urnam heraus.

Heidenst. V. Da wird wohl wieder was närrisches heraus kommen.

Johann. Gnädiger Herr, der Kerl ist ein Narr, oder er nimmt das Lachen und Weinen aus einem Sacke. Das Geplauder ärgert mich schon, ich wollte, daß es einmal mit ihrem Gedanken, uns lustig zu machen Ernst würde. Wegen meiner mag er sein todes Weib kochen oder braten.

Heidenst. V. Es wird sich schon geben; wiewohl die Geduld entfällt mir auch allgemach.

Sechster Auftritt.

Die Vorigen, ein Diener des Wirths bringt eine große Weinkanne heraus.

Bernard. (zeigt ihnen selbe.) Itzt sehen sie einmal, ist das nicht eine außerordentliche Urna? haben sie wohl schon eine gesehen, die sich so auf die itzigen Zeiten schickte? Was für ein Ruhm wird es nicht vor mich seyn, wenn man nach hundert oder mehr Jahren diese Urna aus der Erde graben, und daraus gleich erkennen wird, daß dieß die glückliche Erfindung eines Weinwirths gewesen. Was für ein schöner Gedanke! Itzt werde ich meine Frau zu Asche verbrennen, sie sodann in dieses Gefäß thun, und zum ewigen Gedächtniß will ich an diesem Tag, an dem sie gestorben, allen meinen Gästen eine Messerspitz von dieser Asche in Wein eingeben.

Heidenst. V. Mein lieber Wirth, nun haben wir genug Narrenspossen gehört, höre er einmal auf, uns Kinderspiele vorzumachen. Ich sage ihm in kurzem, daß wir alle zusammen hungerig und durstig sind; will er uns in seinem Hause bewirthen, nun wohl, so sind wir bereit, wo nicht, so säume er nicht, und lasse er meine Tochter Rosette heraus kommen.

Bernard. Gnädiger Herr, ich sehe wohl, daß sie nicht bey gesunder Vernunft sind. So ein billiges Trauren und so schöne Einfälle halten sie für Narrenspossen? Schämen sie sich, gehen sie in sich, und bedenken sie, daß wir alle sterbliche Menschen sind. Ich merke wohl, daß sie aus meinem Leidwesen nur Gespötte treiben, aber ich rathe ihnen, bekehren sie sich, weinen sie mit mir, aber es dürfte üble Folgen nach sich ziehen. — (alle lachen.)

Heidenst. V. Höre er Wirth, wenn er uns will weinen haben, so muß der Stoff seriöser seyn.

Martenw. Das ist posierlich, über solche Thorheiten soll man weinen.

Johann. Ja eines Theils könnte ich schier weinen, daß die Weinkanne zur Urna gebraucht wird, und nicht lieber voll Wein vor mir steht.

Doroth. Wie kann er denn fordern mein Freund, daß wir über solche Kinderpossen weinen sollen.

Ber-

Bernard. Ich frage sie zum letztenmal, ob sie nicht weinen wollen? Weinen sie, oder es wird sie gereuen!

Heidenst. V. Ich glaube, der Herr hat die Vernunft verloren. Zum Lachen ist der Herr wohl gut genug, aber zum Weinen wird uns der Herr beym Teufel doch nicht zwingen.

Bernard. Nun gut, das will ich sehen. Bishero haben sie gelacht, und ich geweint, aber itzt wird sich das Blatt wenden, ich werde lachen, und sie sollen weinen. (rufe) Hola! (er giebt mit der Hand ein Zeichen, sogleich verwandelt sich die Kanne in einen großen Baldachin, Rosette sitzt unter demselben, und hat einen Dolch in der Brust.) Hier sehe alter nichtswürdiger Betrüger! dieß ist die Folge meiner Verzweiflung, zu welcher mich dein nichtswürdiges Betragen gebracht hat. Wisse, daß ich Bernardon bin, dem du deine Tochter versprochen hast, und eben darum, weil du dein Wort nicht erfüllet, und mich so betrügerischer Weise hintergangen hast, so hab ich mich mit Vergnügen an dir und an deinem ganzen Hause durch diesen blutigen Ausgang gerochen. Schaue an hier die Früchten deines Betruges, und weine nun sammt deinen Gefährten, so lang du willst, ich aber werde lachen, daß ich mich an einem solchen Nichtswürdigen auf diese gerechte und grausame Art gerochen habe. (geht ab.)
(alle sind über diesen schrecklichen Anblick gerührt und (erschrocken.)

Hei

Heidenstern V. O Gott! warum muß ich diesen grausamen Anblick erleben!

Dornheim. Gerechter Himmel! das hätte ich doch nicht geglaubt, daß das Vorhaben uns lustig zu machen, sich auf eine so betrübte Art beschließen sollte.

Heidenstern S. O meine unglückliche Schwester, ach mein Vater! warum bin ich nicht im Stande, sie diesen Augenblick durch Durchbohrung dieses Unglücklichen zu rächen.

Martenwell. Mein Freund! ich nehme wahren Antheil an ihrem billigen Schmerzen, allein trösten sie sich, nichts soll uns abhalten, eine so ruchlose That nach Würde zu belohnen.

Therese. Ach! unglückliche Freundinn! wie hätt ich mir vorgestellt, daß ich sie so geschwind und so grausam verlieren sollte.

Johan. Gewiß, es thut mir in der Seele weh, daß unser Fräulein so unglücklich gewesen. Wenn sie doch nur wenigstens von denen Fasannen und dem guten Glas Wein zu guter Letzt noch was gekostet hätte!

Lisette. O ich unglückseliges Mädchen! itzt hab ich mein armes Fräulein verlohren. Gewiß mit Freuden folgte ich ihr in die andere Welt, wenn es nur nicht Winter wäre, denn da ist es gar hart reisen.

Siebenter Auftritt.

Vorige und Seltenheim.

Seltenheim. Um des Himmelswillen! was für ein Anblick ist dieses?

Heidenstern V. Mein Herr! vergeben sie mir, ich habe sie zu mir bitten laßen, um mich des Zauberer Bernardons wegen, ihres einsehenden Raths zu bedienen, allein ich unglücklicher Vater! es ist zu späte! nun hat er schon meine Tochter —

Seltenheim. Halten sie ein, ich weiß alles. Ich will ihnen nun erstlich diesen traurigen Anblick aus den Augen schaffen, und dann sollen sie von mir Wunder vernehmen, die sie sich lebenslänglich nicht würden vorgestellet haben. (er giebt mit seinem Zauberstab ein Zeichen, es fällt ein Prospekt herab, und bedeckt die Kanne)

Seltenheim. Wer hat eure Tochter um das Leben gebracht? wer ist ihr Mörder?

Heidenstern V. Ach! der verfluchte Zauberer Bernardon.

Seltenheim. Nein, mein Herr! Er ist es zwar, der sie umgebracht, aber sie sind die erste Ursache hievon. Sehen sie, ich werde ihnen alles entdecken. Hätten sie jemals besser Wort halten gelernet, hätten sie dem Bernardon ihre Tochter so gegeben, wie sie ihm solche versprochen haben, so wäre alles dieses nicht geschehen. Sie hätten sich Thränen und Vorwürfe erspart, und hätten das Leben ihrer unglücklichen Tochter gefristet; aber auf diese Weise haben sie sich das Unglück nur selbsten zubereitet, welches sie jetzo erlebet. Auch ich mein Herr! habe mich zu beklagen, daß sie mir so schlecht zugehalten. Sie werden sich noch sehr gut zu erinnern wissen, daß sie mir, als ich ihre abscheuliche zaubernde Kinder-Frau heirathete, 2000 Gulden Heirathsgut versprachen; Habe ich wohl bis diese Stunde einen Heller hiervon gesehen? — Ehestens werde ich mein Weib, diesen Lastersack der Obrigkeit übergeben. Die Beweise zu ihrer Verdammung und meiner Rechtfertigung habe ich in Händen, und damit sie alles erfahren, so wissen sie, daß eben durch deren ihre Zaubermittel ich dem Bernardon an die Hand gegangen, mich und ihn an ihnen zu rächen. Alle die Verwirrungen, die Unordnungen, die in ihrem Hause vorgegangen, hat Bernardon durch Vermittelung meiner Zaubermittel gethan. (alle erstaunen).

Heidenstern V. Unglückseliger, boshafter Mann! ist diese Ursache mächtig genug, mich so sehr unglücklich zu machen?

Heidenstern S. Bösewicht!

Martenwell. Nichtswürdiger!

(Ziehen beyde die Degen, und wollen auf Seltenheim zu, dieser aber macht mit seinem Stab ein Zeichen, und die beyden bleiben unbeweglich stehen)

Seltenheim. Sehet ihr ohnmächtige! wie wenig ihr gegen mich vermöget. Doch ich will euch eure Kräfte wieder geben. (macht ein Zeichen

chen, und die beyden werden wieder beweglich) Ich bin mit dem unbesonnenen Verfahren des Bernardons gar nicht zufrieden, und ich würde ihm niemals diese Gewalt gegeben haben, wenn ich solche Dinge vorausgesehen hätte. Er hat gerade gegen meinen Willen gehandelt. Ich gabe ihm zwar die Macht allerhand Ränke anzufangen, allein nicht so weit zu gehen, um eine Mordthat zu verüben; dieses war niemals mein Wille.

Heidenstern V. Da nun einmal schon das Unglück geschehen, und wir gegen sie viel zu ohnmächtig sind, so gönnen sie uns doch das Vergnügen den Bernardon bestraft zu sehen.

Martenwell. O! wenden sie ihre Macht nur diesmal zu unserer gerechten Rache an!

Heidenstern S. Damit dieser Unglückliche doch einmal die Größe seines Verbrechens fühle.

Seltenheim. Er soll es fühlen. Ich habe durch meine Zauberkraft schon verhindert, daß er nicht entfliehen kann. Er ist ein Mörder, er hat seine Kunst zu ruchlosen Thaten angewendet, darum soll er auch, als ein Mörder und Zauberer bestrafet werden. Die mir untergebenen Höllengeister haben schon alle nöthige Anstalten zu seinem Tode gemacht. Bernardon soll auf einem Scheiterhaufen lebendig verbrennt werden.

Heidenstern V. Dieß wird mich vergessen machen, daß sie an meinem Unglücke Ursache waren.

Mattenwell. Sie werden sich dadurch meine Erkänntlichkeit auf das höchste zuziehen.

Lisette. Auch ich werde ihnen Dank wissen, daß nur mein armes Fräulein gerochen wird.

Seltenheim. Du Johann sollst nun den Zauberer einfangen.

Johann. Nein gnädiger Herr! dafür danke ich, der Bernardon ist ein Zauberer, wie leicht könnte er mich in ein Erdzeisel verwandlen.

Seltenheim. Besorge nichts, und fürchte nicht, daß du verwandelt werdest; Ich habe dem Bernardon schon alle Zauberkraft benommen. Itzt gehe gerade durch jene Allee, (zeige auf die linke Seite) Dort wirst du Bernardon und seinen Diener allein antreffen; sie sind eben in Begriffe die Flucht zu nehmen, allein sie sind durch meine Faubermacht so leblos, daß sie nicht von der Stelle können, mithin nehme sie alle beyde; rechter Hand zu, wirst du einen Scheiterhaufen sehen, dort führe sie mit Hilfe anderer Bauern hin, und warte auf unsre Ankunft.

Johann. Das ist eine fatale Kommission, ach! meine liebste Lisette, bey dieser Gelegenheit kannst du deinen armen Johann verlieren.

Lisette. O ich fürchte nichts, ich habe alles Zutrauen in den gnädigen Herrn von Seltenheim, der allezeit ein brafer Herr war; und um dir zu zeigen, wie wenig ich besorge, so will ich mit dir gehen, wenn sie allerseits erlauben.

Sel=

Seltenh. Geht nur ohne Sorge, wir werden bald alle bey euch seyn. (Johann und Lisette gehen auf der linken Seite ab.)

Heidenst. V. Ich will auch hingehen, und mit einem rechten Vergnügen den Tod dieses verdammten Zauberers ansehen.

Therese. Ich bin zwar sonst sehr weichherzig, so etwas zu sehen, aber ich werde doch auch mit ihnen gehen.

Martenw. Ich werde meine größte Freude dabey haben, wenn ich den Bernardon recht elendig werde wimmern hören.

Heidenst. S. Und ich werde noch das Feuer recht anblasen, wenns nicht brennen will.

Seltenh. Sie haben recht, daß sie wider ihn aufgebracht sind, ich bin selbst über den Mörder so ergrimmt, daß, wenn sie ihm auch wollten Gnade ertheilen, ich es gewiß nicht zugeben würde. Es ist mir unmöglich, seine Strafe länger zu verschieben. Folgen sie mir nur alle standhaft. In wenig Augenblicken, will ich den Mörder durch den schmerzlichsten Tod in die andere Welt schicken. (alle gehen linker Hand ab)

Achter Auftritt.

Das Theater wird in einen großen Wald verändert, in dessen Mitte ein großer Scheiterhaufen aufgestellet stehet. Johann, Lisette und Bauern, welche den Bernardon und seinen Diener mit Stricken gebunden heraus= führen.

Johann. Kommen sie nur, sie hochedler Herr Haarbeuteldieb; sie sind ohne Zweifel derjenige, der meiner Lisette die Historie mit den Weibern und den 48. Kindern vorgemacht hat. Hier sollen sie nun an der hitzigen Krank= heit sterben.

Lisette. Ja, sie nichtswürdiger Mörder! ja! so klein sollen sie hier zusammen gebrennt werden, daß sie noch kleiner als ein chinesischer Haarbeutel werden sollen.

Bernard. O ihr Elende! wenn ihr wüßtet, wie wenig ich mich vor euch fürchte. — Mein Freund Seltenheim wird mich gewiß nicht ver= lassen.

Johann. Ja, ja, verlaßt euch nur auf den, so steht ihr frisch. Eben dieser hat mir befohlen, euch hieher zu bringen.

Heinr. Aber was hab dann ich armer Teu= fel dabey zu thun? ich habe ja gar keinen An= theil an der Zauberey gehabt. Aber so gehts, wenn man manchmal seinem eigenen Kopfe nicht folgt. Hätte ich gethan, wie ich mirs dachte, und wäre mit meiner Perückenschach= tel nach Hause gegangen, so wäre ich nicht in diese Fatalität gerathen. Ber=

Bernardon. Mein lieber Heinrich, fürchte nichts, und seye ohne Sorgen. Es soll weder mir noch dir das mindeste Leid geschehen. Hier sehe ich schon meinen Freund den Seltenheim kommen.

Neunter Auftritt.

Seltenheim, Heidenstern V., Dornheim, Heidenst. S., Therese, Martenwell und die Vorigen.

Bernard. Hier sehen sie mein Freund, wie weit die Vermessenheit dieser schwachen Menschen gehet.

Seltenh. Sie gehet so weit, daß du durch sie deine wohlverdiente Strafe erhalten wirst. Gottloser, habe ich dir deßwegen meine Zaubermacht in die Hände gespielt, habe ich sie dir zu diesem grausamen Ziel anvertraut, zu welchem du sie genützet hast? — Elender! schäme dich, mein Vertrauen so gemißhandelt und eine That verübet zu haben, die dich unter die Bösewichter herab setzet. Unmensch! wie hast du Muth genug haben können, diejenige zu ermorden, die du doch über alles liebtest? hätte dich nicht ihre Jugend, ihre Unschuld, ihre Schönheit rühren, hätte sie nicht deinen verwegenen Arm zurück halten sollen? Doch nein, nichts konnte dich zum Mitleiden bewegen, du mißbrauchtest deine Gewalt, und darum sollst du bestrafet werden. Du sol=

F 3 mich

mich auch nicht dauern; ich will ein Ungeheuer zernichten, deßgleichen gewiß nicht mehr in der Welt zu finden ist.

Bernard. Mein Herr! ich erkenne die Größe meines Verbrechens. Die Vorstellung mit meiner eignen Hand die Unschuld, ja die Tugend selbst zerstört zu haben, ist mir Hölle. Mein Leben wird mir zur Last, und ich verlange selbst für mein Verbrechen eines grausamen Todes zu sterben.

Seltenh. Dieß wird auch ohne dein Begehren geschehen, dann dein Todesurtheil ist schon bestimmt. Hier auf diesem Scheiterhaufen sollst du lebendig verbrennet werden. Heinrich, dein Diener aber, welcher an allem diesem unschuldig ist, soll hiemit frey gelassen seyn.

Heinrich. Ach gnädiger Herr, ich danke unterthänigst; in der ganzen Welt werde ich diese Gnade anzurühmen wissen.

Bernard. Ich will ihnen beweisen, daß diese Strafe noch viel zu gnädig für mein Vergehen ist. Hören sie mich, und dieß, was sie erfahren werden, wird allen billigen Abscheu wider mich in ihren Seelen erwecken. Wie ich Fräulein Rosette in das Wirthshaus gebracht, gab ich mich ihr zu erkennen, und drohte ihr, daß, wenn sie mir nicht gleich ihre Hand als Braut reichen würde, so soll sie mir nicht lebend entkommen. Die unglückliche Rosette schützte den Befehl ihres Vaters vor, den Martenwell zu ehlichen, sie stellte mir vor, wie sie als eine gehorsame Tochter dem Befehl ihres Vaters gehorchen müßte; dieses entflammte alle Wuth in meiner Brust, ich vergaß mich, und stieß dieser Bedaurenswürdigen den Dolch durch ihr unschuldiges Herz.

Heidenst. V. Ach! meine arme Tochter!
Dornheim. Unglückliche Rosette!
Martenw. O unersetzlicher Verlust!
Therese. Beklagenswerthe Freundinn!
Heidenst. S. Aermste Schwester!
Lisette. Ach! mein bestes Fräulein!
Johann. O du nichtswürdiger Mörder über alle Mörder!

Seltenh. Sehe! Unglücklicher! wie vielen Menschen du durch diese That das Herz durchbohrt. Entzieh ihnen nun durch deinen Tod das gräßliche Andenken deiner Tyranney, und eile zu sterben.

Bernard. Es soll geschehen. Diesen Augenblick will ich die Welt von einem Ungeheuer befreyen, der das schrecklichste Nachdenken hinterläßt. Doch ist es möglich, daß ein Sterbender von jenen, die er so sehr beleidiget, noch Verzeihung und Mitleiden erhalten kann, o so bitte ich sie, Herr von Heidenstern tausendmal um Vergebung; ihnen habe ich den größten Schmerzen verursachet, ich habe ihnen ihre Tochter, und durch sie das, was ihnen am schätzbaresten war, geraubet.

Heidenst. V. Gehe nur Bösewicht! und stehe deine Strafe aus.

Bernard. (zu Heidenst. S.) Durch mich haben sie eine unschätzbare Schwester verloren.

Heidenst—n S. Stirb Unseliger, und verlösche hiedurch dein Verbrechen!

Bernard. Und ihnen mein Herr von Martenwell habe ich die theuerste Braut entzogen.

Martenw. Schweige! eine jede Erinnerung macht dich mir noch verhaßter.

Bernard. Herr von Dornheim, ihre beste Freundinn hab ich ermordet.

Dornh. Der Himmel vergebe dir dein Verbrechen, dein Tod wird dich hier davor bestrafen.

Bernard. Auch die arme Lisette habe ich um ihre so gnädige Gebieterinn gebracht.

Lisette. Davor sollst du auch rechtschaffen gesotten und gebraten werden.

Bernard. Auch du armer Johann hast durch mich eine Patroninn verloren, von der du so oft beschenket worden bist!

Johann. Das kann ich eben nicht sagen, denn sie war mehr freundlich als raisonabel. Sie hat mir zum neuen Jahr keinen Kreuzer geschenkt; doch ist mir herzlich leid um sie, auch euch bedaure ich, daß ihr dadurch am Brand sterben müsset.

Bernard. Mein guter Johann, für dein gutherziges Mitleiden, soll dir meine goldene Uhr und meine Börse zum Angedenken verbleiben. (giebt ihm beydes.)

Johann. (wehmüthig) Der Himmel gebe ihnen davor eine glückliche Reise.

Ber=

ein Lustspiel.

Bernard. Du aber, mein getreuer Diener, betrachte erst mein unglückliches Ende, gehe sodann zu meinen Freunden, erzähle ihnen meine Lasterthaten, meinen betrübten Tod, und nehme sodann zur Dankbarkeit für deine treu geleisteten Dienste, meine ganze Quarderobe.

Heinrich. O armer! unglücklicher Herr! ich mochte selbst vor Schmerzen sterben.

Bernard. (Zu den Bauern) Kommet ihr Freunde, und bringet mich zu meinem Tode; sie aber allerseits, vergeben sie mir, wenn es möglich ist, ich bitte sie noch einmal hierum, und leben sie ewig wohl. (einige Bauern führen den Bernardon auf den Scheiderhaufen, andere Bauern zünden denselben mit Fackeln an.)

Bernard. Dieses ist also das betrübte Loos meines ruchlosen Lebens. Nehmen sie alle ein Beyspiel an mir, hüten sie sich vor einer lasterhaften Liebe, die der Grundstein aller Vergehungen ist, und die mich so gar bis zur Zauberey verleitet hat. Ach! das Feuer ergreift mich, ich fühle sie schon zum Voraus, die Martern einer ewigen Hölle! — Gnade — Gnade — ich sterbe! (er fällt ins Feuer.)

Seltenh. Der arme Bernardon war in der That mehr unglücklich als lasterhaft.

Heidenst. V. Ach! ich fühle, wie mein Gewissen erwachet, ich erkenne, daß ich die Ursache seines jammervollen Todes bin. Ihr unglücklichen! ihr seyd die strafbare Ursache, daß

daß ich diesem armen Menschen nicht Wort gehalten habe.

Heidenst. S. Es ist itzt geschehen, mein Vater! trösten sie sich. Es thut mir auch in der Seele leid, daß ich an diesem Tode Theil habe.

Therese. Wer hätte diese entsetzlichen Folgen vorher sehen können!

Dornheim. Mein Herz ist ganz von Reue durchdrungen, aber es ist nicht mehr zu ändern.

Marteuw. Wie gerne wollte ich die Liebe des Bernardons durch die Hand der Rosette befriediget sehen, wenn sie mein Wunsch wieder zum Leben zurück helfen könnte.

Heidenst. V. Wollte es der Himmel! mit tausend Freuden wolle ich ihm meine unglückliche Tochter geben. Kommen sie Herr Seltenheim, ich kann mich keinen Augenblick mehr an diesem grauenvollen Orte aufhalten. Kommen sie, kommen sie. Ich will ihnen sogleich die schon lang versprochene 2000. Gulden, und noch tausend Gulden zu meiner Strafe auszahlen.

Seltenh. Ich glaube gerne, daß sie dieses Geld und ihr ganzes Vermögen hergäben, ihre liebste Tochter und dem Bernardon das Leben wieder zu ertheilen. Ich rede zwar umsonst, denn es ist unmöglich; allein wenn es möglich wäre, würden sie wohl dieses thun können.

ein Lustspiel.

Heidenst. V. Ob ich dieses thun könnte? zweifeln sie noch? allein wozu diese fruchtlosen Reden. Nicht allein mein Vermögen, sondern mein eignes Leben wollte ich dafür mit tausend Freuden aufopfern.

Seltenh. Und was sagen sie allerseits dazu? könnten sie auch der Meynung des Herrn von Heidensterns beystimmen?

Alle. Mit tausend Freuden.

Seltenh. Arme, Elende Sterbliche! Nur dann erst, wenn euere Fehler und Verbrechen bereits begangen sind, bereuet ihr dieselbige. (gegen den Scheiterhaufen) Unglückselig ermordete Rosette, und du armer erblaßter Bernardon; ohne Zweifel genießet ihr in jener Welt das Mitleid und Erbarmen, so euch eure hinterlassene Freunde umsonst zurufen. Ich beschwöre euch durch meine Zauberkraft, daß ihr sogleich durch eure Erscheinung alle Herzen dieser so gequälten Familie auf das höchste erfreuet. (er schlägt mit dem Stabe auf die Erde, sogleich verwandelt sich der Scheiterhaufen in einen illuminirten Garten, in welchem Bernardon in seiner ersten Kleidung mit Rosette sitzt.)

Alle. (wechselweis) O welch ein Wunder! o welche Freude!

Bernard. (führt Rosette hervor, küßt Heidenst. V. die Hand.) Herr von Heidenstern, kein anderes Mittel war für mich übrig, sie zu ihrem Versprechen zu bringen, und mir meine geliebte Rosett zu gestatten.

Hei=

Heidenst. V. Mein allerliebster Freund Seltenheim, ist es wahr, oder ist es ein Traum? leben diese Unglückliche wirklich wieder?

Seltenh. Ja, sie leben, und werden auch ins Künftige zu ihrer Freude leben, wenn sie anders itzt ihr Versprechen halten: alles was bisher geschehen, hat die Kraft meiner Zauberey gewirket.

Heidenst. V. Ja mein Freund! ja meine Kinder! ihr sollt euch von nun an ohne Hinderniß ewig lieben. Wer hätte geglaubt, daß aus einem nicht gehaltenen Versprechen, oder daraus, wenn ein ehrlicher Mann sein Wort nicht hält, solche Unglücksfälle entstehen könnten.

E N D E.

www.ingramcontent.com/pod-product-compliance
Lightning Source LLC
Chambersburg PA
CBHW032250080426
42735CB00008B/1076